创新突围

基于供应链的创新

杨婷◎著

Innovation Breakthrough

Innovation Based on Supply Chain

中国经济出版社
CHINA ECONOMIC PUBLISHING HOUSE
北 京

图书在版编目（CIP）数据

创新突围：基于供应链的创新 / 杨婷 著 .
北京：中国经济出版社，2018.1
ISBN 978 - 7 - 5136 - 4958 - 2

Ⅰ. ①创… Ⅱ. ①杨… Ⅲ. ①企业创新—研究 Ⅳ. ①F273.1

中国版本图书馆 CIP 数据核字（2017）第 273498 号

责任编辑　闫明明
责任印制　马小宾

出版发行　中国经济出版社
印 刷 者　北京富泰印刷有限责任公司
经 销 者　各地新华书店
开　　本　710mm × 1000mm　1/16
印　　张　14.25
字　　数　186 千字
版　　次　2018 年 1 月第 1 版
印　　次　2018 年 1 月第 1 次
定　　价　48.00 元
广告经营许可证　京西工商广字第 8179 号

中国经济出版社 **网址** www. economyph. com **社址** 北京市西城区百万庄北街 3 号 **邮编** 100037
本版图书如存在印装质量问题，请与本社发行中心联系调换（联系电话：010 - 68330607）

序

一个基于创新驱动发展而又大有希望的未来

创新是民族和国家发展不竭的动力！2014 年 5 月 24 日，习近平总书记在上海考察时指出：“当今世界，科技创新已经成为提高综合国力的关键支撑，成为社会生产方式和生活方式变革进步的强大引领，谁牵住了科技创新这个牛鼻子，谁走好了科技创新这步先手棋，谁就能占领先机、赢得优势。”党的十八大提出，“科技创新是提高社会生产力和综合国力的战略支撑，必须摆在国家发展全局的核心位置。”2017 年 10 月 18 日在北京召开的党的十九大再次强调，“创新是引领发展的第一动力，是建设现代化经济体系的战略支撑”。

全球新一轮科技革命、产业变革和军事变革正加速推进，科学探索从微观到宏观向纵深拓展，以智能、绿色、泛在为特征的群体性技术革命将引发国际产业分工重大调整，颠覆性技术不断涌现，正在重塑世界竞争格局、改变国家力量对比，创新驱动成为许多国家谋求竞争优势的核心战略。我国既面临赶超跨越的难得历史机遇，也面临差距拉大的严峻挑战。唯有勇立世界科技创新潮头，才能赢得发展主动权，为人类文明进步做出更大贡献。目前我国经济发展进入新常态，传统发展动力不断减弱，粗放型增长方式难以为继。必须依靠创新驱动打造发展新引擎，培育新的经济增长点，持续提升我国经济发展的质量和效益，开辟我国发展的新空间，实现经济保持中高速增长和产业迈向中高端水平

“双目标”。

党的十八大强调要坚持走中国特色自主创新道路，实施创新驱动发展战略。党的十八届五中全会确定新发展理念，强调创新是引领发展的第一动力。党的十九大指出，要加强国家创新体系建设，强化战略科技力量。创新驱动就是创新成为引领发展的第一动力，科技创新与制度创新、管理创新、商业模式创新、业态创新和文化创新相结合，推动发展方式向依靠持续的知识积累、技术进步和劳动力素质提升转变，促进经济向形态更高级、分工更精细、结构更合理的阶段演进。当前，我国创新驱动发展已具备发力加速的基础。经过多年努力，科技发展正在进入由量的增长向质的提升的跃升期，科研体系日益完备，人才队伍不断壮大，科学、技术、工程、产业的自主创新能力快速提升。经济转型升级、民生持续改善和国防现代化建设对创新提出了巨大要求。庞大的市场规模、完备的产业体系、多样化的消费需求与互联网时代创新效率的提升相结合，为创新提供了广阔空间。中国特色社会主义制度能够有效结合集中力量办大事和市场配置资源的优势，为实现创新驱动发展提供了根本保障。

中国政府在经济领域一直发挥着重要作用，而且将来也会发挥重要作用。通过积极转变政府职能、加强战略研究和规划引导、完善相关支持政策，为企业发展创造良好环境。当前，我们应当建立和完善以企业为主体、市场为导向、政产学研相结合的创新体系。充分发挥市场主导、政府引导的作用，通过全面深化改革，充分发挥市场在资源配置中的决定性作用，强化企业主体地位，激发企业活力和创造力。在经济新常态下，政府更多地是为市场经济中的行为主体提供公共服务而发挥作用。宏观调控的主要目的不再是保持经济高速增长，而是以“创新、协调、绿色、开放、共享”为发展理念，增长动力主要来自改革和创新。在中国经济结构转型和部分企业生产经营转型的过程中，中国政府应该制定具有引导性的产业政策，并做好企业转型升级的服务工作。当前，中国经济结构转型的任务非常巨大，需要大力推动战略性新兴产业、先进制造业等产业的发展，提升中国产业在全球价值链中的地位。同时，必须推动产能结构的变化，剔除过剩产能。发展新兴产业需要引导资本转移到新兴行业，而剔除过剩产能必须引导资本从一些传统行业中转移出来。因此，政府进行适当引导，制定合适的产业政策非常重要。林毅夫认为："为了促进本国产业的升级和多样化，政府必须制定符合本国潜在比较优势的产业政策，从而新的产业一旦建立起来，便可迅速地在国内和国际市场上具有竞争力。"

企业是经济活动的主体，技术创新本质上是一个经济过程，只有以企业为主体，才能坚持市场导向、反映市场需求。党的十八届五中全会提出：要强化企业创新主体地位和主导作用，形成一批有国际竞争力的创新型领军企业，支持科技型中小企业健康发展。"十三五"规划提出："强化企业创新主体地位和主导作用，形成一批有国际竞争力的创新型领军企业，支持科技型中小企业健康发展。依托企业、高校、科研院所建设一批国家技术创新中心，形成若干具有强大带动力的创新型城市和区域创新中心。"党的十九大指出：深化科技体制改革，建立以企业为主体、市场为导向、产学研深度融合的技术创新体系，加强对中小企业创新的支持，促进科技成果转化。可见，企业创新主体地位能否确立，主导作用能否发挥，很大程度上决定了创新驱动战略的成败。

"文章合为时而著，诗歌合为事而作。"关于研究企业如何在创新驱动战略指导下，通过利用其与优质供应商的关系资本优势，在生产过程中努力发挥其优势主导地位，进而提升企业的技术创新能力具有重要的理论和现实意义。本书针对国内394家制造企业在实施创新驱动战略下的战略采购实施情况进行有效问卷调查。通过相关理论的研究，构建了基于网络关系视角的战略采购对企业技术能力的影响机制模型，同时通过大样本的统计分析对所构建的模型进行实证检验，基本上完成了预期的研究目标，结果也揭示出重要的理论和实践意义。与已有的研究相比，本书的创新之处主要体现在以下几点：

第一，识别出战略采购的结构要素。以国内外相关文献为基础，在企业实地调研、访谈与问卷调查的基础上，运用探索性因子分析法识别出战略采购的四个结构要素：采购的战略地位、内部整合、与关键供应商建立长期关系以及供应商早期参与。这为今后该领域内的关系模型中细化战略采购内部因素提供了必要的理论依据，也为企业进一步有效地实施战略采购提供了理论指导。

第二，运用探索性因子分析方法，提取出基于供应商网络视角的企业技术能力的四个影响因素：供应商管理、企业与供应商的关系、技术学习、组织情境。这为构建战略采购与企业技术能力之间的关系模型提供了逻辑基础，也为企业技术能力的提升整合出一条全新的路径。

第三，本书从关系嵌入视角研究了战略采购与企业技术能力的作用机理，构建了基于网络关系视角的战略采购与企业技术能力的关系模型，对以往的研究进行了拓展。新路径的提出，能够从逻辑上更好地回答目前广泛存在的关于战略采购与企业技术能力之间影响关系性质的争议。基于网络视角的战略采购与企业技术能力的关系模型，从一个全新的角度阐述了战略采购与企业技术能力之间的影响机制，为战略采购如何转化为企业的持续竞争优势提供了全面的逻辑解释，进一步确立了战略采购在企业管理中的战略性地位。

第四，丰富了战略采购对企业长期绩效的理论贡献。以前的研究主要关注战略采购对企业短期运作绩效的影响，笔者发现实施战略采购，企业所深层次嵌入的网络关系有利于企业能力的获取和应用，战略采购可以通过获取嵌入在供应网络中的供应商的知识和技能来实现其自身技术知识存量的积累，并通过技术学习加速企业技术能力的发展。这一新的决策依据的引入，有助于更全面地发挥战略采购促进企业长期绩效的积极作用。

本书不可避免地也存在一些不足，所提的建议、对策还有待商榷，但毕竟瑕不掩瑜，值得肯定和鼓励。衷心希望本书的出版，能够对我国制造企业在创新驱动战略下，通过有效开展战略采购实践活动进而促进企业技术创新有所裨益。

培训一大批具有创新能力，能够推进我国创新发展的干部，是党校的主要任务。2015 年 12 月 11 日，习近平总书记在全国党校工作会议上强调："希望党校聚焦党和国家中心工作、党委和政府重大决策部署、社会热点难点问题进行深入研究，及时反映重要思想理论动态，提出有价值的对策建议。""要加强对国家中长期发展战略问题的前瞻性研究，加强对重大现实问题和突出矛盾的对策性研究，加强党情政情社情信息反映和研究。""要加大党校教师到党政机关或基层挂职锻炼力度，实行蹲点调研制度，组织党校教研人员到基层一线深入了解实际，加深对国情党情的认识，增强分析和解决问题的能力。""希望党校成为党和国家的重要智库。"因此，党校教学科研工作必须紧紧围绕党委政府中心工作，必须牢牢聚焦社会创新发展的热点难点问题。

让我们在读书中，探寻在创新战略驱动下我国制造企业的发展轨迹，思考企业自主创新问题，感受我国经济新常态下，企业的生存之道。坚持以马克思列宁主义、毛泽东思想、邓小平理论、"三个代表"重要思想、科学发展观、习近平新时代中国特色社会主义思想为指导，按照"四个全面"战略布局的要求，坚持走中国特色自主创新道路，解放思想、开放包容，把创新驱动发展作为国家的优先战略，以科技创新为核心带动全面创新，以体制机制改革激发创新活力，以高效率的创新体系支撑高水平的创新型国家建设，推动经济社会发展动力根本转换，为实现中华民族伟大复兴的中国梦而共同奋斗。

CONTENTS 目　录

第一章

CHAPTER ONE

搭建创新平台：经济新常态下我国政府在企业技术创新中的作用

政府在服务企业创新中扮演着什么角色？2014 年 12 月 20 日，习近平总书记在中央经济工作会议上强调：如何发现和培育新的增长点？一是市场要活，二是创新要实，三是政策要宽。市场要活，就是要使市场在资源配置中起决定性作用，主要靠市场发现和培育新的增长点。创新要实，就是要推动全面创新，更多靠产业化的创新来培育和形成新的增长点。政策要宽，就是要营造有利于大众创业、市场主体创新的政策环境和制度环境。政府要加快转变职能，做好自己应该做的事，创造更好的市场竞争环境，培育市场化的创新机制，在保护产权、维护公平、改善金融支持、强化激励机制、集聚优秀人才等方面积极作为。对看准的、确需支持的，政府可以采取一些合理的、差别化的激励政策，真正把市场机制公平竞争、优胜劣汰的作用发挥出来。

本章关键词：经济新常态；“互联网+”；技术创新

随着中国经济进入增速换挡期，高速增长时代的结束，传统的依靠劳动力成本和资源投入获得“暴利”的时代一去不复返，企业主要依靠信息、知识和技术这些新要素，依靠创新获得比较优势和核心竞争力来获取利润。在全球化竞争的压力下，企业需要对人力资源进行长期积累和投入，利润的获取也更加艰难。以现代信息技术、高新技术武装起来的物联网企业将成为企业发展的新趋势。目前已经初步形成覆盖物联网感知制造业、通信业和服务业的完整产业链，改变着企业的生产、储存、营销全过程，产生新的业态，发展出新的盈利模式，引领企业的发展趋势，并且带来新的创造力和竞争力。

国家主席习近平在出席2014年亚太经合组织（APEC）工商领导人峰会时指出，中国经济目前进入新常态。新常态是指经济发展中较长时期稳定存在的新机遇、新条件、新失衡等逐渐成为发展的特征。经济新常态有以下三个主要特点：一是从高速增长转为中高速增长。二是经济结构不断优化升级，第三产业消费需求逐步成为主体，城乡区域差距逐步缩小，居民收入占比上升，发展成果惠及更广大民众。三是从要素驱动、投资驱动转向创新驱动。

习近平总书记指出，中国经济新常态下，中国政府应大力简政放权，进一步释放市场活力。经济新常态的产生，意味着企业需要加快培育自身的核心竞争力，否则，将会被快速发展的市场淘汰。面对经济发展新常态，我们必须转变观念、提高认识、找准方法、狠抓落实，做好信息化和工业化的融合，抢占新一轮产业竞争制高点，打造中国经济升级版的工业篇。

第一节 经济新常态下政府职能作用

经济学家认为，新常态是相对于“旧常态”而言的。“旧常态”是指为了防止GDP下降而采用增加投资等要素驱动的方式，使经济增长率维持两位数的高速增长。但是，支持赶超和高增长的外资直接投入红利、土地红利、人口红利、资源依赖等传统比较优势开始衰减，出现劳动力成本上升、资源环境恶化、资本报酬递减等不利因素，导致原有的高投资驱动高增长的效率递减。因此，传统的要素驱动增长动力机制需要转向创新驱动，确保中国经济实现有效率和高质量的增长，进一步提高劳动生产率和加快技术创新与进步。创新驱动是新常态发展模式的重要特征，能否实现创新驱动，决定未来中国经济能否实现健康、稳定、持续增长。

企业是经济活动的主体。创新本质上是一个经济过程，只有以企业为主体，才能坚持市场导向，反映市场需求。企业创新主体地位能否确立、主导作用能否发挥，很大程度上决定了创新驱动战略的成败。一般来说，技术创新具有高风险性、正外部性与收益期长等特性，这增加了技术创新的难度与风险，降低了技术创新的预期收益，进而减弱了企业技术创新的意愿；企业对研发的投资通常少于社会最优投资，导致技术创新存在市场“失灵”的问题。为此，政府要充分发挥“有形的手”作用，干预企业技术创新活动，否则不能实现市场的有效配置。同时，我国企业技术创新存在诸多靠自身难以克服的障碍，更加需要政府发挥“有形的手”作用，而政府会根据国情的不同而选择不同的政策工具。

我国政府在保护和促进企业技术创新过程中的作用主要体现在：一是从体制、机制上为企业技术创新创造有力的法制环境，提供支持企业技术创新的人才、财税、金融、土地、政府采购、知识产权保护等法律、政策、措施；二是制定鼓励企业技术创新的激励机制；三是加大对基础科研、教育的投入，建立技术创新综合服务体系等方面。

一、政府在企业技术创新中的作用

政府是宏观创新环境的建设者。对企业技术创新来说，宏观的创新环境十分重要。国家经济整体状况、技术基础设施环境、创新文化环境、企业与创新有关人员的精神激励等，都可能影响企业的创新活动。有研究发现，我国企业技术创新中的政府行为主要表现在以下三个方面：①在企业技术创新所需资源的供给方面。政府所采取的最重要的措施，即制订和实施一些重要的计划，确定一批重要的研究项目并投入资金，组织调动各方面研究与开发力量，形成一批科技成果。许多计划把培育人才作为重要的内容，通过计划的执行，向企业提供技术创新所需的多种资源要素。这些计划分别处于科技活动的不同层次与不同阶段。面向经济建设主战场方面的科技计划有：国家重点科技项目计划、国家重点工业性试验项目计划、“星火”计划和科技成果重点推广计划；促进高技术及产业发展方面的科技计划有：国家高技术研究发展计划（“863”计划）和“火炬”计划；加强基础性研究方面的科技计划有：国家重点实验室建设计划、“攀登”计划和国家自然科学基金项目。②在企业技术创新所需资源的需求方面。政府主要是从两个方面入手刺激和调控需求的。第一，政府通过为社会采用创新成果提供各种鼓励措施或强制刺激需求；第二，充分发挥政府的调控功能，依据国家利益优先的原则和国家的长远利益，运用政府的权力和财力开展委托研究和购买活动，制造并控制一个“政府市场”。③在改善技术创新的环境方面。政府重点是加强法制建设，辅之以各种政策措施。我国制定了许多与企业技术创新活动直接相关的法律与法规，如专利法、技术合同法、著作权法、企业法、反不正当竞争法等。同时，各级政府还制定了各种政策、措施和管理办法，如建立高新技术产业开发区、经济特区、经济技术开发区，并制定了一系列的管理办法和优惠政策，为高技术企业的孵化和科技成果的转化创造良好的环境，为吸收技术创新所需生产要素（资金、技术、人才等）的投入创造条件。同时，技术市场和人才市场的建立以及相应的管理制度的完善，也为技术的流动创造了较好的环境。

可见，政府对企业技术创新发展的推动，主要是利用各种政策工具创造良好的市场环境，为企业技术创新活动提供公平竞争的环境，政府要把创造适宜的环境作为推动企业技术创新的主要手段。

目前，我国政府在推动企业技术创新过程中的作用具体主要体现在：

（1）为企业的发展提供直接或间接的资金支持。政府通过财政拨款、贷款、贷款担保、出口信贷、补贴、利润分享、提供设备或建筑物、提供各种服务等财政措施，创造一种相对有利的环境和条件，吸引企业和研究机构进行风险较大的技术创新活动。另外，政府还利用企业所得税、个人所得税和税收补贴等税收手段，鼓励企业进行研究与开发投资，与大学和研究机构合作，积极开发新产品和新技术。

（2）政府通过制定各种政策法规，为企业的发展提供良好的制度环境。政府通过制定有关的法律法规，影响创新的活动和环境，以及各种组织和个人在创新活动中的行为。

（3）政府培养和吸收创新型人才，为企业发展提供智力保障。创新活动是人的活动，没有充足的人才，就无法保证创新活动的成功及国家创新能力的增强。

（4）政府为企业搭建信息、技术支撑平台。信息是技术创新的重要因素。政府及国家信息机构，在信息的收集、管理、分析和传播方面具有十分重要的作用。

（5）政府设立专门机构引导和培育企业成长。技术创新的一个重要特征就是不确定性，由此产生了创新活动的复杂性和高风险性。这种风险不仅表现在研究阶段和生产阶段，也会在市场销售阶段表现出来。只有当创新成果达到商品性扩大的程度时，才能算是创新成功。政府的购买行为可以创造出一个特殊的市场——“政府市场”，使那些很有发展前景但市场一时不能接受的创新成果，以及为了国家利益必须保护起来的创新成果，能在这个特殊市场中完成创新的全过程。

中国政府在经济领域一直而且将来也会发挥重要作用。通过积极转变政府职能，加强战略研究和规划引导，完善相关支持政策，为企业发展创造良好环境。政府对于企业技术创新的重点，应当是建立科学的技术创新政策体系。不但要完善技术政策、产业政策、投资政策等与企业技术创新密切相关的政策体系，还应当根据技术创新特点和我国的具体情况，出台一些有针对性的具体政策，解决阻碍企业技术创新顺利开展的关键问题。政府对于企业技术创新的作用，应当逐步由直接和间接相结合的方式，向以通过政策间接调控转换。政府的最终目的应当是通过市场激励一般性的技术创新活动，重点支持耗资巨大、风险高的关键性技术创新项目。只有通过政策的有效激励和发挥企业的技术创新行为，才能够彻底解决技术创新的市场失灵和政府失效问题。

二、政府在推动企业技术创新过程中存在的问题

企业技术创新对国家经济发展有着重大影响，是一项全面的系统工程。当前，我国政府在推动企业技术创新的过程中确实做出了积极贡献，也取得了一定的成绩。但从系统的角度和发展的视野来看，还存在以下四个方面的问题：①企业技术创新的主体地位尚未形成；②技术创新的政策法律缺乏或规定不完善；③人、财、物投入严重不足；④企业技术创新的激励措施不到位。

（一）政府行为过多，企业尚未完全成为技术创新的主体

创造良好的市场环境，繁荣企业的创新和竞争，推动知识的应用和

扩散，是政府在技术创新系统中的基本职责之一。长期以来，我国一些重大的国家级技术发展计划、重大科技项目和工程，实施主体主要在高校和科研院所。企业与高校和科研院所相比，由于明显缺乏人才和技术支撑，很难拿到这些项目，因此政府的研发投入也就主要给了高校和科研院所，对企业自主创新的经费支持也就相对较少。近几年，国家虽然加大了对企业研发新产品、新技术的政策、资金支持力度，但由于政府财力有限，支持对象往往集中于国有大中型企业，中小企业特别是民营中小企业获利较少。更主要的是，大多数企业自身长期以来对研发重视程度不够、发展目光短浅，研发投人很少甚至根本没有。企业的研发投入严重不足，导致企业自主创新能力低下，企业缺乏具有自主知识产权的产品和技术。另外，企业自主研发是一项风险投资很大、见效很慢的工程，由于担心风险，一些企业选择放弃在这方面的投资，这极大地限制了它们自主创新能力的提升。目前，我国的科研成果绝大多数是由各个科研院所、研究机构和大学来完成的，企业与这些研发机构之间也没有建立普遍的、紧密的产学研一体化关系，导致我国科技成果转化率很低。同时，由于缺乏核心技术，我国多数产业处于国际产业价值链末端，企业高附加值产品很少，导致大量的生产企业利润极低，而跨国公司赚取了高额利润。可见，当前我国企业尚未完全成为技术创新的主体。主要表现为：政府职能转变不到位，市场激励机制不完善，政企不分的状况还没有得到根本解决。在许多方面，政府还多少存在缺位、越位、错位现象。这些问题如果不解决将遗患未来，影响企业技术创新的积极性、水平和能力。

（二）技术创新的相关法律、政策缺乏或规定不完善

完善的知识产权制度是促进企业技术创新的重要外部条件。虽然改革开放以来，我国中央政府和地方政府陆续出台了一些有关鼓励科技发明创造的法律、政策措施，但这些法律、政策的规定往往要么过于原则，可操作性不强，要么由于制定部门的不同，就同一事项的规

定多有重复且有相互冲突之处，难以适用。目前，我国在知识产权保护方面的立法仍不完善，主要体现在：申请知识产权保护的程序复杂；针对知识产权保护的司法救济费时、费力；保护知识产权的执法力度不够，存在执法不严、处罚过轻，由于违法成本偏低造成侵犯知识产权的现象大量存在等问题。另外，一些企业知识产权观念淡漠，对知识产权保护重视不够。有的企业虽然重视知识产权保护，但内部管理混乱，又缺乏专业的知识和人才，导致知识产权得不到有效保护的现象大量存在。

（三）人、财、物投入严重不足

尽管我国科技人力资源总量已是世界第二，但与其他国家相比，特别是在相对指标，如每万名劳动力拥有的 R&D 人员方面，差距仍十分明显。投入不足是长期困扰我国创新能力提升的重要制约因素。20 世纪 90 年代以来，我国 R&D/GDP 一直徘徊在 0.6% ~0.7%，2005 年上升为 1.3%，2012 年是 1.97%，2016 年达到 2.1%（创新型国家 R&D 支出占 GDP 的比例一般在 2% 以上）。2016 年我国科技进步贡献率达到 56.2%，但仍低于创新型国家科技进步贡献率达到至少 70% 的要求，国家的对外技术依存度仍然较高。当前，我国尚未建立有利于科技人员创新创业的科技基础条件平台，大型科研设施以及科研资料、科学数据等严重匮乏、分散落后，并且还存在盲目重复购置、使用效率不高的问题，没有形成社会共享机制。

（四）企业技术创新的激励措施不到位

科技力量分布不平衡，企业技术创新能力低下，问题的根本在于技术创新的机制不健全，特别是动力型政策不完善，政府作用不够明显。长期以来，我国的科技机制实行的是单一的计划模式，研究与开发力量主要集中在中央和地方所属的科研机构和高等院校，企业的研究与开发力量很小。我国对于技术创新主体的激励主要在于给予精神奖励和一定的物质奖励。对于企业自主创新的税收仅限于对自主创新成果的税收优惠，而对研发活动本身资金投入很少给予税收优惠，这样企业技术研发成本往往过高。对于具体研发人员的奖励，一般只是发很少的奖金，奖励形式单一且奖金过少，与其付出的努力及取得的创新成果不成比例，严重影响了研发人员的创新热情。甚至有些企业缺乏创新激励机制，高新技术人才引进难、留不住。

三、提高政府在企业技术创新过程中作用的路径

企业技术创新不仅是靠科技发展来推动的，更重要的是靠观念创新和制度创新。在经济新常态下，我们应加快转变政府职能，深化经济体制改革和企业制度改革，减少审批、下放权力、提高服务效率，全面推进观念创新和制度创新。因此，政府首先要进行包括创新模式、创新机制、创新体制、创新条件、政策与环境、创新的组合方式等多方面内容在内的观念创新；其次，从行为方式上要求政府不再对技术创新采取直接行动，应确立企业作为技术创新主体的地位。

政府在企业技术创新中的作用至关重要，政府的作用主要应体现在，通过一定的制度设计和政策安排，最大程度上消除相关障碍，弥补市场缺陷，促进企业技术创新活动，而不是政府要取代市场机制和企业成为技术创新的主体或者直接干预创新活动。在市场经济条件下，企业是技术创新的主体，市场化是企业技术创新的根本动力。因此，为了更好地支持企业技术创新，政府的角色需重新定位，需要进一步加强政府职能转变，政府的作用是通过宏观调控等多种手段强有力地影响所有的经济技术创新活动。

当前政府促进企业技术创新主要有两种途径，一是通过计划、行政干预等直接资助企业的技术创新与参与审批管理等；二是通过政策激励、信息流动、协调与人员合作等向企业扩散技术，促进企业的技术创新。因此，本书提出政府支持企业技术创新的路径，主要有以下几方面：

（一）深化改革，转变政府职能，发挥市场主导、企业主体、政府引导的作用

在市场经济条件下，企业是技术创新的主体，市场化是企业技术创新的根本动力。要把创造适宜的环境作为政府推动技术创新的主要手段，不仅需要政府部门观念和行为方式的转变，还要转变政府职能，要赋予企业技术创新更大的自主权。过去，政府直接参与企业技术创新活动，从项目审批到资金管理均由政府包揽，结果导致创新活动与市场需求脱节。因此，为了更好地支持企业技术创新，政府的角色需重新定位，需要加强政府职能转变，政府的作用只能是通过宏观调控等多种手段强有力地影响所有的经济技术创新活动。政府通过职能转变，赋予企业技术创新更大的自主权，使企业成为真正的技术创新主体。同时，政府要转变工作方法，着力进行宏观调控体系的建设，从直接依靠行政手段向依靠经济和法律等间接手段转变，特别是要学会和注意用政策和信息手段引导企业开展技术创新活动，要从重视项目管理转到重视项目引导上来，逐步弱化对资金、人才、信息等资源的微观配置，并且结合新的情况和特点，研究推进技术创新的政策、措施和办法。

（二）政府要构筑有利于企业技术创新的法律、制度环境

建立有利于企业技术创新的政策和法律体系，需要转变政府职能，形成政府与市场互补的机制。因此，我们要在全面推进制度创新的同时，建立有利于企业技术创新活动的组织制度和法律体系。首先，应加强企业技术创新活动的立法建制工作，企业技术创新各个环节都需要法律的保护，必须要研究制定企业技术创新工作的规划、政策、措施和法规，同时要制定、完善并出台与政策相关的配套实施细则，健全技术创新法律体系，以免影响企业技术创新的积极性。其次，遵照市场经济发展规律和国际通用规则，尽快清理和修正现有那些不利于企业健康发展的条款和规定，使企业技术创新的扶持政策在法律基础上走向综合性、

系统化，以减少政府政策的多样性、人为性和波动性，保证支持企业技术创新政策的持续性、规范性和平稳性。同时，在现行法律制定方面，要考虑部分法律与国际立法接轨。

（三）政府要健全和完善风险资本与证券市场，鼓励企业扩大规模，多方合作开展技术创新

政府对高新技术企业，即使是小企业，只要它们业绩显著，就应批准并给予它们新股上市发行额度，以利于这些企业在风险资本和证券市场发行股票、筹集资金，逐步让风险资本和证券市场代替政府成为投资的主要资金来源。针对我国大部分工业企业规模小、自有资金有限、无力开展大的突破性研发项目这一特点，政府应实行行业改组，鼓励企业合并，组织同行业的企业合作开展技术创新。同时，为鼓励技术引进，政府及银行应对技术引进予以信贷支持。对引进技术能够消化、改进、创新的企业，应予以奖励，特别是对出口技术的企业，应给予出口全额免税，鼓励企业技术创新和技术出口。政府要采取有效措施，鼓励企业以委托科研、合作科研的方式，投资建立一批研究开发机构。这种研究机构既可建立在高校、科研院所，也可建立在企业，其目的是要有利于企业技术创新。对那些由产学研共同组建的开发创新机构，应享受国家对企业技术中心的优惠政策。同时，国家有关部门的科研经费要注意向这种创新机构倾斜，特别是对那些面向行业的技术创新机构，要加大支持力度，采取企业投入与国家投资相结合，集中精力抓一批产学研合作开展技术创新的典范。要彻底打破部门分割、自成体系的传统观念，择优扶持一批有发展前景、技术力量雄厚的企业技术创新机构。尤其是已经建立企业技术中心的企业，要加大与大学、科研院所的合作，通过承担创新项目，共同参与创新的方式加快企业技术创新力度。

（四）政府必须从宏观和微观上构筑企业技术创新的激励机制

技术创新投入与收益的不对称性、技术创新的不确定性、复杂性和周期长等特点，要求政府必须从宏观、微观上构筑企业技术创新的激励机制。创新激励的方式分为产权激励、市场激励、企业激励和政府激励等。四种激励方式在创新激励机制中的作用是不同的，企业激励是主体，市场激励和产权激励是基础，政府激励是补充。企业技术创新既需要利益机制的激励，又需要营造有利于企业技术创新的文化环境和氛围。技术创新的文化环境建设是一个庞大的系统工程，涉及整个教育体系、企业经营理念和企业文化、研究传统和精神乃至整个社会文化。它需要政府、学校、企业乃至整个社会的共同努力。目前，应该着力宣传那些进行创新和创业的企业家典型，探索成功者的足迹，以榜样的力量激励人们去创新，去追求成功。

（五）充分发挥政府的组织、引导作用，建立产学研相结合的技术创新与成果转化新机制

根据实证研究结果，政府建立产学研联合信息网和统一的协调机构是企业最希望的方式，政府选定技术创新项目组织产学研合作也是有效的方式。可见，政府可以在产学研合作方面发挥积极的作用，政府建立产学研合作信息网以及在政府综合部门建立统一的协调机构也是比较容易做到的。因此，我们要充分发挥政府宏观协调职能，鼓励和支持企业与高等院校、科研院所进行多种形式的联合。金融部门也要积极支持产学研联合的技术创新和成果转化项目。逐步建立起政府宏观调控、社会中介服务、政策体制支持的产学研合作创新体系和良性互动的运行机制，促进高新技术产业化并用高新技术来改造传统产业。

第二节　国家政策环境

政府营造创业创新环境要始终坚持以下原则：①坚持市场主导，政府引导。充分发挥市场配置资源的决定性作用，强化政府引导，促进创新创业与市场需求和社会资本有机结合。②坚持创新推动。推进以创新为核心的创业就业，壮大创新创业群体，大力孵化培育科技型中小微企业，打造新的经济增长点。③坚持机制创新，优化服务。降低创新创业门槛，构建市场化、专业化、资本化、全链条增值服务体系，提高创新创业效率。

一、创新驱动发展战略的提出

党的十八大明确提出“科技创新是提高社会生产力和综合国力的战略支撑，必须摆在国家发展全局的核心位置”。强调要坚持走中国特色自主创新道路、实施创新驱动发展战略。创新驱动发展战略是我国应对当今国际竞争、从自身国情出发、以增强国家核心竞争力为目标，着眼经济社会发展的全局，做出的全面战略部署。

新常态背景下，中国经济处在“增长速度换挡期、结构调整阵痛期、前期刺激政策消化期”三期叠加阶段，需要解决“传统制造业去产能化、房地产业去库存化”两大问题。为实现产业结构调整，加快产业转型升级，中共中央、国务院下发了《关于深化体制机制改革加快实施创新驱动发展战略的若干意见》（以下简称《意见》），指导深化体制机制改革加快实施创新驱动发展战略。《意见》共分 9 个部分 30 条，包括总体思路和主要目标、营造激励创新的公平竞争环境、建立技术创新市场导向机制、强化金融创新的功能、完善成果转化激励政策、构建更加高效的科研体系、创新培养、用好和吸引人才机制、推动形成深度融合的开放创新局面、加强创新政策统筹协调。《意见》指出，到 2020 年，基本形成适应创新驱动发展要求的制度环境和政策法律体系，为进入创新型国家行列提供有力保障。《意见》要求，营造激励创新的公平竞争环境。发挥市场竞争激励创新的根本性作用，营造公平、开放、透明的市场环境，强化竞争政策和产业政策对创新的引导，促进优胜劣汰，增强市场主体创新动力。实行严格的知识产权保护制度，打破制约创新的行业垄断和市场分割，改进新技术、新产品、新商业模式的准入管理，健全产业技术政策和管理制度，形成要素价格倒逼创新机制。《意见》强调，发挥市场对技术研发方向、路线选择和各类创新资源配置的导向作用，调整创新决策和组织模式，强化普惠性政策支持，促进企业真正成为技术创新决策、研发投入、科研组织和成果转化的主体。

二、“大众创业、万众创新”的提出

根据2015年《政府工作报告》部署，为改革完善相关体制机制，构建普惠性政策扶持体系，推动资金链引导创业创新链、创业创新链支持产业链、产业链带动就业链，2015年国务院出台《关于大力推进大众创业万众创新若干政策措施的意见》（以下简称《意见》）。

《意见》指出，按照“四个全面”战略布局，坚持改革推动，加快实施创新驱动发展战略，充分发挥市场在资源配置中的决定性作用和更好发挥政府作用，加大简政放权力度，放宽政策、放开市场、放活主体，形成有利于创业创新的良好氛围，让千千万万创业者活跃起来，汇聚成经济社会发展的巨大动能。不断完善体制机制、健全普惠性政策措施，加强统筹协调，构建有利于“大众创业、万众创新”蓬勃发展的政策环境、制度环境和公共服务体系，以创业带动就业、创新促进发展。

《意见》从以下四个方面来构建经济新常态下创业创新环境：①坚持深化改革，营造创业环境。通过结构性改革和创新，进一步简政放权、放管结合、优化服务，增强创业创新制度供给，完善相关法律法规、扶持政策和激励措施，营造均等普惠环境，推动社会纵向流动。②坚持需求导向，释放创业活力。尊重创业创新规律，坚持以人为本，切实解决创业者面临的资金需求、市场信息、政策扶持、技术支撑、公共服务等瓶颈问题，最大限度释放各类市场主体创业创新活力，开辟就业新空间，拓展发展新天地，解放和发展生产力。③坚持政策协同，实现落地生根。加强创业、创新、就业等各类政策统筹，部门与地方政策联动，确保创业扶持政策可操作、能落地。鼓励有条件的地区先行先试，探索形成可复制、可推广的创业创新经验。④坚持开放共享，推动模式创新。加强创业创新公共服务资源开放共享，整合利用全球创业创新资源，实现人才等创业创新要素跨地区、跨行业自由流动。依托"互联网+"、大数据等，推动各行业创新商业模式，建立和完善线上与线下、境内与境外、政府与市场开放合作等创业创新机制。

《意见》的主要内容包含以下八个方面：

（一）创新体制机制，实现创业便利化

（1）完善公平竞争市场环境。进一步转变政府职能，增加公共产品和服务供给，为创业者提供更多机会。逐步清理并废除妨碍创业发展的制度和规定，打破地方保护主义。加快出台公平竞争审查制度，建立统一透明、有序规范的市场环境。依法反垄断和反不正当竞争，消除不利于创业创新发展的垄断协议和滥用市场支配地位以及其他不正当竞争行为。清理规范涉企收费项目，完善收费目录管理制度，制定事中、事后监管办法。建立和规范企业信用信息发布制度，制定严重违法企业名单管理办法，把创业主体信用与市场准入、享受优惠政策挂钩，完善以信用管理为基础的创业创新监管模式。

（2）深化商事制度改革。加快实施工商营业执照、组织机构代码证、税务登记证"三证合一""一照一码"，落实"先照后证"改革，推进全程电子化登记和电子营业执照应用。支持各地结合实际放宽新注册企业场所登记条件限制，推动"一址多照"、集群注册等住所登记改革，为创业创新提供便利的工商登记服务。建立市场准入等负面清单，破除不合理的行业准入限制。开展企业简易注销试点，建立便捷的市场退出机制。依托企业信用信息公示系统建立小微企业名录，增强创业企业信息透明度。

(3) 加强创业知识产权保护。研究商业模式等新形态创新成果的知识产权保护办法。积极推进知识产权交易，加快建立全国知识产权运营公共服务平台。完善知识产权快速维权与维权援助机制，缩短确权审查、侵权处理周期。集中查处一批侵犯知识产权的大案、要案，加大对反复侵权、恶意侵权等行为的处罚力度，探索实施惩罚性赔偿制度。完善权利人维权机制，合理划分权利人举证责任，完善行政调解等非诉讼纠纷解决途径。

(4) 健全创业人才培养与流动机制。把创业精神培育和创业素质教育纳入国民教育体系，实现全社会创业教育和培训制度化、体系化。加快完善创业课程设置，加强创业实训体系建设。加强创业创新知识普及教育，使"大众创业、万众创新"深入人心。加强创业导师队伍建设，提高创业服务水平。加快推进社会保障制度改革，破除人才自由流动制度障碍，实现党政机关、企事业单位、社会各方面人才顺畅流动。加快建立创业创新绩效评价机制，让一批富有创业精神、勇于承担风险的人才脱颖而出。

(二) 优化财税政策，强化创业扶持

(1) 加大财政资金支持和统筹力度。各级财政要根据创业创新需要，统筹安排各类支持小微企业和创业创新的资金，加大对创业创新支持力度，强化资金预算执行和监管，加强资金使用绩效评价。支持有条件的地方政府设立创业基金，扶持创业创新发展。在确保公平竞争前提下，鼓励对众创空间等孵化机构的办公用房、用水、用能、网络等软、硬件设施给予适当优惠，减轻创业者负担。

(2) 完善普惠性税收措施。落实扶持小微企业发展的各项税收优惠政策。落实科技企业孵化器、大学科技园、研发费用加计扣除、固定资产加速折旧等税收优惠政策。对符合条件的众创空间等新型孵化机构，适用科技企业孵化器税收优惠政策。按照税制改革方向和要求，对包括天使投资在内的投向种子期、初创期等创新活动的投资，统筹研究

相关税收支持政策。修订完善高新技术企业认定办法，完善创业投资企业享受70%应纳税所得额税收抵免政策。抓紧推广中关村国家自主创新示范区税收试点政策，将企业转增股本分期缴纳个人所得税试点政策、股权奖励分期缴纳个人所得税试点政策推广至全国范围。落实促进高校毕业生、残疾人、退役军人、登记失业人员等创业就业税收政策。

（3）发挥政府采购支持作用。完善促进中小企业发展的政府采购政策，加强对采购单位的政策指导和监督检查，督促采购单位改进采购计划编制和项目预留管理，增强政策对小微企业发展的支持效果。加大创新产品和服务的采购力度，把政府采购与支持创业发展紧密结合起来。

（三）搞活金融市场，实现便捷融资

（1）优化资本市场。支持符合条件的创业企业上市或发行票据融资，并鼓励创业企业通过债券市场筹集资金。积极研究尚未盈利的互联网和高新技术企业到创业板发行上市制度，推动在上海证券交易所建立战略新兴产业板。加快推进全国中小企业股份转让系统向创业板转板试点。研究解决特殊股权结构类创业企业在境内上市的制度性障碍，完善资本市场规则。规范发展服务于中小微企业的区域性股权市场，推动建立工商登记部门与区域性股权市场的股权登记对接机制，支持股权质押融资。支持符合条件的发行主体发行小微企业增信集合债等企业债券创新品种。

（2）创新银行支持方式。鼓励银行提高针对创业创新企业的金融服务专业化水平，不断创新组织架构、管理方式和金融产品。推动银行与其他金融机构加强合作，对创业创新活动给予有针对性的股权和债权融资支持。鼓励银行业金融机构向创业企业提供结算、融资、理财、咨询等“一站式”系统化的金融服务。

（3）丰富创业融资新模式。支持互联网金融发展，引导和鼓励众筹融资平台规范发展，开展公开、小额股权众筹融资试点，加强风险控制和规范管理。丰富完善创业担保贷款政策。支持保险资金参与创业创新，发展相互保险等新业务。完善知识产权估值、质押和流转体系，依法合规推动知识产权质押融资、专利许可费收益权证券化、专利保险等服务常态化、规模化发展，支持知识产权金融发展。

（四）扩大创业投资，支持创业起步成长

（1）建立和完善创业投资引导机制。不断扩大社会资本参与新兴产业创投计划参股基金规模，做大直接融资平台，引导创业投资更多向创业企业起步成长的前端延伸。不断完善新兴产业创业投资政策体系、制度体系、融资体系、监管和预警体系，加快建立考核评价体系。加快设立国家新兴产业创业投资引导基金和国家中小企业发展基金，逐步建立支持创业创新和新兴产业发展的市场化长效运行机制。发展联合投资等新模式，探索建立风险补偿机制。鼓励各地方政府建立和完善创业投资引导基金。加强创业投资立法，完善促进天使投资的政策法规。促进国家新兴产业创业投资引导基金、科技型中小企业创业投资引导基金、国家科技成果转化引导基金、国家中小企业发展基金等协同联动。推进创业投资行业协会建设，加强行业自律。

（2）拓宽创业投资资金供给渠道。加快实施新兴产业“双创”三年行动计划，建立一批新兴产业“双创”示范基地，引导社会资金支持大众创业。推动商业银行在依法合规、风险隔离的前提下，与创业投资机构建立市场化长期性合作。进一步降低商业保险资金进入创业投资的门槛。推动发展投贷联动、投保联动、投债联动等新模式，不断加大对创业创新企业的融资支持。

（3）发展国有资本创业投资。研究制定鼓励国有资本参与创业投资的系统性政策措施，完善国有创业投资机构激励约束机制、监督管理机制。引导和鼓励中央企业和其他国有企业参与新兴产业创业投资基金、设立国有资本创业投资基金等，充分发挥国有资本在创业创新中的作用。研究完善国有创业投资机构国有股转持豁免政策。

（4）推动创业投资“引进来”与“走出去”。抓紧修订外商投资创业投资企业相关管理规定，按照内外资一致的管理原则，放宽外商投资准入，完善外资创业投资机构管理制度，简化管理流程，鼓励外资开展创业投资业务。放宽对外资创业投资基金投资限制，鼓励中外合资创业投资机构发展。引导和鼓励创业投资机构加大对境外高端研发项目的投资，积极分享境外高端技术成果。按投资领域、用途、募集资金规模，完善创业投资境外投资管理。

（五）发展创业服务，构建创业生态

（1）加快发展创业孵化服务。大力发展创新工场、车库咖啡等新型孵化器，做大做强众创空间，完善创业孵化服务。引导和鼓励各类创业孵化器与天使投资、创业投资相结合，完善投融资模式。引导和推动创业孵化与高校、科研院所等技术成果转移相结合，完善技术支撑服务。引导和鼓励国内资本与境外合作设立新型创业孵化平台，引进境外先进创业孵化模式，提升孵化能力。

（2）大力发展第三方专业服务。加快发展企业管理、财务咨询、市场营销、人力资源、法律顾问、知识产权、检验检测、现代物流等第三方专业化服务，不断丰富和完善创业服务。

（3）发展“互联网＋”创业服务。加快发展“互联网＋”创业网络体系，建设一批小微企业创业创新基地，促进创业与创新、创业与就业、线上与线下相结合，降低全社会创业门槛和成本。加强政府数据开放共享，推动大型互联网企业和基础电信企业向创业者开放计算、存储和数据资源。积极推广众包、用户参与设计、云设计等新型研发组织模式和创业创新模式。

（4）研究探索创业券、创新券等公共服务新模式。有条件的地方继续探索通过创业券、创新券等方式对创业者和创新企业提供社会培训、管理咨询、检验检测、软件开发、研发设计等服务，建立和规范相关管理制度和运行机制，逐步形成可复制、可推广的经验。

（六）建设创业创新平台，增强支撑作用

（1）打造创业创新公共平台。加强创业创新信息资源整合，建立创业政策集中发布平台，完善专业化、网络化服务体系，增强创业创新信息透明度。鼓励开展各类公益讲坛、创业论坛、创业培训等活动，丰富创业平台形式和内容。支持各类创业创新大赛，定期办好中国创新创业大赛、中国农业科技创新创业大赛和创新挑战大赛等赛事。加强和完善中小企业公共服务平台网络建设。充分发挥企业的创新主体作用，鼓励和支持有条件的大型企业发展创业平台、投资并购小微企业等，支持企业内外部创业者创业，增强企业创业创新活力。为创业失败者再创业建立必要的指导和援助机制，不断增强创业信心和创业能力。加快建立创业企业、天使投资、创业投资统计指标体系，规范统计口径和调查方法，加强监测和分析。

（2）用好创业创新技术平台。建立科技基础设施、大型科研仪器和专利信息资源向全社会开放的长效机制。完善国家重点实验室等国家级科研平台（基地）向社会开放机制，为“大众创业、万众创新”提供有力支撑。鼓励企业建立一批专业化、市场化的技术转移平台。鼓励依托三维（3D）打印、网络制造等先进技术和发展模式，开展面向创业者的社会化服务。引导和支持有条件的领军企业创建特色服务平台，面向企业内部和外部创业者提供资金、技术和服务支撑。加快建立军民两用技术项目实施、信息交互和标准化协调机制，促进军民创新资源融合。

（3）发展创业创新区域平台。支持开展全面创新改革试验的省（区、市）、国家综合配套改革试验区等，依托改革试验平台在创业创新体制机制改革方面积极探索，发挥示范和带动作用，为创业创新制度体系建设提供可复制、可推广的经验。依托自由贸易试验区、国家自主创新示范区、战略性新兴产业集聚区等创业创新资源密集区域，打造若干具有全球影响力的创业创新中心。引导和鼓励创业创新型城市完善环

境，推动区域集聚发展。推动实施小微企业创业基地城市示范。鼓励有条件的地方出台各具特色的支持政策，积极盘活闲置的商业用房、工业厂房、企业库房、物流设施和家庭住所、租赁房等资源，为创业者提供低成本办公场所和居住条件。

（七）激发创造活力，发展创新型创业

（1）支持科研人员创业。加快落实高校、科研院所等专业技术人员离岗创业政策，对经同意离岗的可在3年内保留人事关系，建立健全科研人员双向流动机制。进一步完善创新型中小企业上市股权激励和员工持股计划制度规则。鼓励符合条件的企业按照有关规定，通过股权、期权、分红等激励方式，调动科研人员创业积极性。支持鼓励学会、协会、研究会等科技社团为科技人员和创业企业提供咨询服务。

（2）支持大学生创业。深入实施大学生创业引领计划，整合发展高校毕业生就业创业基金。引导和鼓励高校统筹资源，抓紧落实大学生创业指导服务机构、人员、场地、经费等。引导和鼓励成功创业者、知名企业家、天使和创业投资人、专家学者等担任兼职创业导师，提供包括创业方案、创业渠道等创业辅导。建立健全弹性学制管理办法，支持大学生保留学籍休学创业。

（3）支持境外人才来华创业。发挥留学回国人才特别是领军人才、高端人才的创业引领带动作用。继续推进人力资源市场对外开放，建立和完善境外高端创业创新人才引进机制。进一步放宽外籍高端人才来华创业办理签证、永久居留证等条件，简化开办企业审批流程，探索由事前审批调整为事后备案。引导和鼓励地方对回国创业高端人才和境外高端人才来华创办高科技企业给予一次性创业启动资金，在配偶就业、子女入学、医疗、住房、社会保障等方面完善相关措施。加强海外科技人才离岸创业基地建设，把更多的国外创业创新资源引入国内。

（八）加强统筹协调，完善协同机制

（1）加强组织领导。建立由发展改革委牵头的推进“大众创业、万众创新”部际联席会议制度，加强顶层设计和统筹协调。各地区、各部门要立足改革创新，坚持需求导向，从根本上解决创业创新中面临的各种体制机制问题，共同推进“大众创业、万众创新”蓬勃发展。重大事项要及时向国务院报告。

（2）加强政策协调联动。建立部门之间、部门与地方之间政策协调联动机制，形成强大合力。各地区、各部门要系统梳理已发布的有关支持创业创新发展的各项政策措施，抓紧推进“立、改、废”工作，将对初创企业的扶持方式从选拔式、分配式向普惠式、引领式转变。建立健全创业创新政策协调审查制度，增强政策普惠性、连贯性和协同性。

（3）加强政策落实情况督查。加快建立推进“大众创业、万众创新”有关普惠性政策措施落实情况督查督导机制，建立和完善政策执行评估体系和通报制度，全力打通决策部署的“最先一公里”和政策落实的“最后一公里”，确保各项政策措施落地生根。

《意见》期望通过结构性改革、体制机制创新，消除不利于创业创新发展的各种制度束缚和桎梏。同时通过支持各类市场主体不断开办新企业、开发新产品、开拓新市场，培育新兴产业，以期形成小企业“铺天盖地”、大企业“顶天立地”的发展格局，进而实现创新驱动发展，打造新引擎、形成新动力。

第三节　经济新常态下政府支持企业技术创新的对策

创新是一个民族进步的灵魂，是一个国家兴旺发达的不竭动力。党的十八大报告提出科技创新是提高社会生产力和综合国力的战略支撑，必须摆在国家发展全局的核心位置。2017 年 10 月 18 日在北京召开的党的十九大再次强调创新是引领发展的第一动力，是建设现代化经济体系的战略支撑。在经济新常态下，政府更多地是为市场经济中的行为主体提供公共服务而发挥作用，宏观调控的主要目的不再是保持经济高速增长，而是以“创新、协调、绿色、开放、共享”为发展理念，增长动力主要来自改革和创新。在中国经济结构转型和部分企业生产经营转型的过程中，中国政府应该制定具有引导性的产业政策，做好企业转型升级的服务工作。在党的十八大提出实施创新驱动发展战略的新形势下，我国各级政府都应该把增强企业技术创新能力作为科技发展的战略基点和调整产业结构、转变经济发展方式的中心环节，加快制定相关法律、政策、措施，完善制度，优化企业技术创新环境，推动企业提高技术创新能力。当前，要建立和完善以企业为主体、市场为导向、产学研相结合的创新体系，充分发挥市场主导、政府引导的作用。通过全面深化改革，充分发挥市场在资源配置中的决定性作用，强化企业主体地位，激发企业活力和创造力。

实施创新驱动发展战略，要构建以企业为主体、市场为导向、产学研相结合的技术创新体系。首先，进一步确立企业的主体地位，让企业成为技术需求选择、技术项目确定的主体，成为技术创新投入和创新成果产业化的主体。其次，高校、研发机构、中介机构以及政府、金融机构等应与企业一起构建分工协作、有机结合的创新链，形成有中国特色的协同创新体系。技术创新体系必须要以政府职能和履行职能方式的转变为基础，要以政府与企业、科研院所、高等学校及中介机构关系的重构为前提。政府要从直接组织创新项目、干预企业技术创新为主转向以宏观调控、政策引导创造环境、提供服务为主，政府部门要进一步明确职责，理顺管理体制，努力做好规划指导、财力支撑、政策激励、培育市场、提供保护、聚集人才、综合服务等方面的工作，强化政府的指导作用，按一定制度、规则与秩序形成以创新为核心来运行的有机整体。

可见，促进企业技术创新的核心是解决企业创新的激励问题，而这一核心问题是通过降低企业创新的成本、提高创新收益、降低创新风险和减少企业创新的外部性等各种政策和措施来实现的。因此，我们应该从政策环境、法律环境、政府经费支持、创新人才队伍建设、创新机制和服务体系等方面进行激励，逐步形成以企业为主体的技术创新体系。

一、完善企业技术创新的政策支持

政府是企业技术创新的服务者和推动者，应着力从制度层面构建有利于企业创新和科技成果转化的财税机制、激励机制、分配机制、融资机制、产学研相结合的技术研发机制。一是政府要按照国家产业政策和当代科技发展趋势，定期发布鼓励企业技术创新的政策导向，引导企业根据市场需求和自身实际自主创新。二是要加大对企业技术创新的支持力度，对有利于产业优化升级的关键技术、共性技术推广应用的重点技术创新项目，在政策和生产要素上给予重点扶持。三是要建立以企业为主体的技术创新投入机制，拓宽融资渠道，引导社会资本投入技术创新，加快形成以社会资本为主体的风险投资体系。四是政府应加快建立面向企业的技术创新服务体系，积极为企业提供技术咨询、信息、风险融资与担保、人才培养与交流等全方位服务。搭建公共技术服务平台，使企业的技术需求与高校和科研院所的技术研制与供给实现有效对接；完善技术交易市场、产权交易市场，促进技术与资本的有机结合；建立新技术推广网络，组织多方位、多角度的技术创新推广活动，为企业提供技术服务，培育发展技术市场；建立市场信息反馈系统，提高企业的市场预测和快速反应能力，推进企业技术创新工作。五是政府应加大对企业技术创新的资金支持，通过金融机构对企业进行专项贷款，特别是要在产学研合作中的试验环节加大投入。六是政府应从社会整体利益出发，修建一些企业技术创新需要的基础设施，以降低企业技术创新的壁垒。

二、建立企业技术创新的多元融资渠道

现代市场经济是以金融为核心运行和发展的，资金是经济运行中极为重要的条件，是实现技术创新不可或缺的生产要素。政府资金支持政策主要包括帮助企业融资和财政税收激励两大类。政府通过采用设立专项担保基金或直接利息补贴等优惠政策可缓解企业融资难的问题，提高企业的技术创新意愿。财政补贴可鼓励企业家承担更多的创新风险，直接资助和税收减免政策可有效提高企业研发投入。

首先，建立稳定增长的财政科技投入机制。设立企业技术创新基金，拓宽企业技术创新资金来源，政府在财政扶持时应加大对企业扶持的数目及 R&D 经费支出；财政拨款应该具有针对性，重点支持企业自主创新的项目，同时鼓励和引导产学研相结合，加强企业与科研机构、高等院校的关联，促进科技成果产业化；调整财政补贴范围，对用自有资金创建企业和对现有企业增加投资进行补贴，对有成果的科研开发项目支出进行补助；推行企业研发投入抵免税收制度，对新产品开发或工业产品国产化实行税收减免，行政事业性收费减免，完善并实施促进高新技术企业发展的税收优惠政策；加强与各金融机构合作，开展对企业的金融产品创新，对符合条件的企业可开展知识产权和非专利技术等无形资产的质押贷款试点，加大对企业技术创新的金融支持。

其次，建立多种经营模式的金融机构。一是完善投融资政策。制定相关政策、法规，促进风险投资机构发展，解决制约企业自主创新的资金瓶颈问题；增加商业银行对企业的信贷支持，为其量身定制金融产品，调整信贷结构，充实企业技术创新资金；设立专门为企业技术创新融资服务的政策性银行，向企业创新活动提供低息贷款，以解决资金需求问题。二是建设政府为主导、银行参加的信用担保服务体系。完善金融融资信用担保制度，扩大对企业创新活动的融资担保服务，允许企业按照相关规定用知识产权作为财产向银行抵押贷款；针对一些真正具有

良好前景但面临较高风险，难以募集到资金的科技创新项目进行财政担保。三是支持和鼓励符合条件的企业在中小板上市，以发行企业债券、私募债券和股票的方式直接融资，为企业的筹资开辟新路径。

三、加强企业技术创新的知识产权保护

完善的专利制度和知识产权保护制度以及风险投资制度是增强企业技术创新主体地位的基础。加强知识产权保护可以降低企业研发的外溢效应和被模仿的风险，提高企业研发投资的积极性；同时，知识产权保护能够保证企业技术的独占性，进而增强企业的技术创新能力，促进技术创新行为。因此，我们应完善国家知识产权制度，保护企业的技术研发、成果转让、使用及专利等方面的技术创新成果，创造尊重和保护知识产权的法制环境。一是完善知识产权服务体系，加大对知识产权公共信息网络建设和服务的投入，加强对企业知识产权工作的指导和服务；二是建立健全有利于知识产权保护的从业资格制度和社会信用制度；三是改进和完善保护知识产权的方式，如适当降低专利申请费用和专利年费的标准、缩短侵权诉讼的周期，降低被保护者的成本；四是继续加大对知识产权的保护力度，依法严厉打击侵犯知识产权的各种行为；五是加强知识产权的宣传教育，增强大众对知识产权的保护意识。

四、建立健全企业技术创新的人员激励机制

人才是把科技物化为生产力的重要因素，是提高企业科技创新能力、增强发展后劲的关键。吸引人才的核心因素是成长与发展，地方政府制定的人才支持政策能为人才构筑良好的成长环境。一是创造良好的人才引进环境，协助企业引进所需的各类技术创新人才。对进入企业的创新创业人才，在创业扶持、落户、居留和出入境、住房、子女教育、配偶安置、医疗等方面给予相应的补贴和政策支持，在社会上营造尊重

人才、鼓励创新的氛围，让更多的创新人才脱颖而出。二是建立开放、竞争、流动的用人机制。改革科研机构、高等院校人事管理制度，建立健全人才引进、培养、任用和评价制度，鼓励科技人才在企业与科研院所、高等院校之间双向流动，支持科研人才积极创新创业。三是完善落实科技人才成果转让收益分配制度，不断完善促进成果转化的有关政策，健全技术要素参与分配机制，把岗位责任、工作业绩、实际贡献纳入新的激励机制之中，使科技人才的创造性劳动获得与其价值相称的收入。四是细化科技人才考核评价方法。对应用研究，应由利益相关第三方按目标完成情况、突破性和带动性进行评价；对科技成果的产业化，应由市场和用户依据其对产业发展的实质贡献着重评价。五是政府搭建全国（区域性）研发交流平台，将全国（地区）的技术研发人才组织起来，共同致力于研发创新。

五、深化科技体制改革，促进产学研联合

企业技术创新应是以企业为主体，融合国际、国内多方面力量，集众家所长，为企业所用。研究开发机构通过与企业合作，可以得到企业更多的资金投入，并为研究成果的进一步应用奠定基础；企业与研究机构和大学的合作，能够为企业的技术创新活动提供更多的技术源、信息源和创新人才。政府应积极予以引导，制定相关优惠政策，鼓励产学研合作创新，鼓励不同规模、不同领域的企业之间合作创新，以合作研究开发、技术转让、共建研究开发基地或共同创办新企业等方式，加快企业与科技资源的有机结合，加速科研成果产业化进程，谋求“双赢”或“多赢”效果。一是加快推动企业与高等院校、科研院所以各种形式共建研发机构和产业化联合体，充分发挥和利用产学研结合的整体优势，集中力量对产业结构调整急需的共性、关键性技术进行联合攻关，实现技术的突破和超越。二是在继续支持一批重点产学研合作开发和技术转移项目的同时，推动产学研合作向深度和广度发展，鼓励产学研各

方在共同开发关键平台技术、联合研究制定新技术标准、联合培养科技和管理人才、互相兼职等方面进行大胆探索。三是政府要大力推进应用型科研机构企业化转制改造。根据科研机构的人员、设备、资产等情况进行分类改革，对中小型的技术开发类院所，鼓励重新建制进入企业，创办技术型企业或转变成为技术中介机构，也可以根据企业需要，对一些科研院所的人员、设备与企业进行部分合并。对大多数重点院所，可向行业性的技术中心或区域性的技术中心转化。

※ 核心提示

全球新一轮科技革命、产业变革和军事变革正加速推进，科学探索从微观到宏观向纵深拓展，以智能、绿色、泛在为特征的群体性技术革命将引发国际产业分工重大调整，颠覆性技术不断涌现，正在重塑世界竞争格局、改变国家力量对比，创新驱动成为许多国家谋求竞争优势的核心战略。我国既面临赶超跨越的难得历史机遇，也面临差距拉大的严峻挑战。唯有勇立世界科技创新潮头，才能赢得发展主动权，为人类文明进步做出更大贡献。目前，我国经济发展进入新常态，传统发展动力不断减弱，粗放型增长方式难以为继。必须依靠创新驱动打造发展新引擎，培育新的经济增长点，持续提升我国经济发展的质量和效益，开辟我国发展的新空间，实现经济保持中高速增长和产业迈向中高端水平“双目标”。

在经济新常态下，政府更多地是为市场经济中的行为主体提供公共服务而发挥作用，宏观调控的主要目的不再是保持经济高速增长，而是以“创新、协调、绿色、开放、共享”为发展理念，以改革和创新为增长动力 ，促进经济增长。当前，我国应当建立和完善以企业为主体、市场为导向、政产学研相结合的创新体系。通过积极转变政府职能，加强战略研究和规划引导，完善相关支持政策，为企业发展创造良好环境，充分发挥市场在资源配置中的决定性作用，强化企业主体地位，激发企业活力和创造力。

第二章

CHAPTER TWO

创新的价值：
供应商对企业技术创新的贡献

“创新是引领发展的第一动力。”“抓创新就是抓发展，谋创新就是谋未来。”“适应和引领我国经济发展新常态，关键是要依靠科技创新转换发展动力。”“创新是一个民族进步的灵魂，是一个国家兴旺发达的不竭动力，也是中华民族最深沉的民族禀赋。在激烈的国际竞争中，惟创新者进，惟创新者强，惟创新者胜。”党的十八大以来，习近平总书记把创新摆在国家发展全局的核心位置，围绕实施创新驱动发展战略、加快推进以科技创新为核心的全面创新，提出了一系列新思想、新论断、新要求。2017 年 10 月 18 日在北京召开的中国共产党第十九次全国代表大会上，习近平总书记再次强调“创新是引领发展的第一动力，是建设现代化经济体系的战略支撑。”“加强国家创新体系建设，强化战略科技力量。”“深化科技体制改革，建立以企业为主体、市场为导向、产学研深度融合的技术创新体系，加强对中小企业创新的支持，促进科技成果转化。”

本章关键词： 创新驱动；供应链整合；技术创新

党的十八大明确提出，“科技创新是提高社会生产力和综合国力的战略支撑，必须摆在国家发展全局的核心位置。”习近平总书记指出：“当今世界，科技创新已经成为提高综合国力的关键支撑，成为社会生产方式和生活方式变革进步的强大引领，谁牵住了科技创新这个牛鼻子，谁走好了科技创新这步先手棋，谁就能占领先机、赢得优势。”党的十九大再次强调：“创新是引领发展的第一动力，是建设现代化经济体系的战略支撑”“加强国家创新体系建设，强化战略科技力量”“深化科技体制改革，建立以企业为主体、市场为导向、产学研深度融合的技术创新体系，加强对中小企业创新的支持，促进科技成果转化”。

全球新一轮科技革命、产业变革和军事变革正加速推进，科学探索从微观到宏观向纵深拓展，以智能、绿色、泛在为特征的群体性技术革命将引发国际产业分工重大调整，颠覆性技术不断涌现，正在重塑世界竞争格局、改变国家力量对比，创新驱动成为许多国家谋求竞争优势的核心战略。我国既面临赶超跨越的难得历史机遇，也面临差距拉大的严峻挑战。唯有勇立世界科技创新潮头，才能赢得发展主动权，为人类文明进步做出更大贡献。

目前，我国经济发展进入新常态，传统发展动力不断减弱，粗放型增长方式难以为继。必须依靠创新驱动打造发展新引擎，培育新的经济增长点，持续提升我国经济发展的质量和效益，开辟我国发展的新空间，实现经济保持中高速增长和产业迈向中高端水平“双目标”。党的十八大强调要坚持走中国特色自主创新道路、实施创新驱动发展战略。创新驱动就是创新成为引领发展的第一动力，科技创新与制度创新、管理创新、商业模式创新、业态创新和文化创新相结合，推动发展方式向依靠持续的知识积累、技术进步和劳动力素质提升转变，促进经济向形态更高级、分工更精细、结构更合理的阶段演进。

企业是经济活动的主体。技术创新本质上是一个经济过程，只有以企业为主体，才能坚持市场导向，反映市场需求。党的十八届五中全会提出：强化企业创新主体地位和主导作用，形成一批有国际竞争力的创新型领军企业，支持科技型中小企业健康发展。因此，企业创新主体地位能否确立，主导作用能否发挥，很大程度上决定了创新驱动战略的成败。

随着企业竞争环境的加剧以及产品和系统复杂性的不断增加，单一企业很难在所有领域都保持持续竞争优势，企业间越来越倾向通过合作实现其绩效和能力的提升。由于供应商能力对顾客价值创造具有重要的作用，因此很多大型企业通过外购不断增强与供应商的合作来获取跨越组织边界的外部资源，越来越多的制造企业开始让采购参与企业的新产品开发，利用采购进行产品和技术创新，采购的重要性因此获得了持续提升。采购，作为一种跨边界活动，它在连接企业和供应商资源之间起着很关键的作用。采购的一个很重要的职能是开发和保持与供应商的战略联盟，通过与供应商的深入沟通和互动产生成功的产品设计和革新。近年来，采购对产品的持续改进和创新的积极贡献得到越来越多的管理理论研究者和企业管理实践者的关注。

Smeltzer 等认为战略采购主要关注企业长远目标的实现，在这一过程中采购部门通过以下两个方面的功能来帮助企业获取竞争优势：获取零部件、组件和服务等的投入以及管理与关键供应商的关系。Gadde 和

Hakansson 在《供应网络战略：新经济中的采购》一书中强调，战略采购在制造企业发现和整合供应商的知识与技能方面具有至关重要的作用。Carter 和 Narasimhan 认为战略采购可以通过早期供应商参与产品设计、共享供应商技术以及在开发产品和过程提升中帮助供应商达到创新，从而建立竞争优势。Narasimhan 和 Das 研究认为，战略采购可以帮助制造企业直接获取生产能力的提升和改进，而不需要企业进行额外的资本投资。可见，实施战略采购，制造企业与供应商间基于长期交易的伙伴关系，有利于企业从供应商处获取低成本、高质量的组件和部件，以及通过整合供应商在产品和技能方面的特殊能力来获取持续竞争优势。近年来，企业的高层管理者也越来越意识到，战略采购在与供应商一起塑造企业竞争力方面扮演着很重要的角色。因此，深刻地理解企业的经营使命和战略优势，从供应商的支持来获取竞争优势，对采购与供应管理都很重要。企业可以依据相关的采购战略、供应商的绩效潜力，连接企业的战略优势和更直接的供应商能力，来寻求更合适的供应商管理方法以满足企业发展的需要。

虽然我国很多企业已经意识到采购与战略供应管理对企业竞争优势的重要作用，但是此类研究大多数还只是停留在传统的供应商选择与评价阶段。这种传统的采购与供应链管理的研究只关注企业的短期运作绩效，如成本、质量、交货、柔性等，很少关注采购对企业长期绩效和能力的持续改进作用；另外，很多企业的采购与供应管理实践在具体的操作与运作过程中，由于种种原因导致绩效失败和高的使用成本或者是无效的，等等。这些都反映出战略采购对绩效和能力的影响作用尚未被管理实践者完全认同，而如何通过战略采购来建立并维持企业的竞争优势也仍然是一个有待解决的理论问题。本研究将关注战略采购与企业技术能力影响关系这一基本问题，通过全面深入的分析来揭示战略采购的概念及其对企业技术能力的影响机理，从而为企业更好地开展战略采购实践，使其作用于企业的核心竞争力提供有价值的理论观点。

第一节 创新驱动战略下跨组织合作与企业竞争优势

一、科技进步与新产品开发增强了企业对供应商的依赖

技术的发展和产品开发使企业供应商的角色发生了战略性的变化，及时有效地转移技术成为企业的一个关键成功因素。由于新技术开发的成本和复杂性不断增加，使技术投资与供应商的伙伴关系形成了一个最大化商业机会和技术价值的可能性。

企业可以通过整合外部供应商的技术资源获取技术工艺的提升、改进的成本有效性、增强的技术能力和大规模的技术研发和客户情报。除此之外，传统的序贯设计和生产过程，目前已经被并行的工程设计过程所取代。例如，很多企业专注于它们的核心技术和专业，把一些非核心部件的设计和开发委托给它们的供应商，供应商的角色就从以前仅仅提供零部件，转变为提供包括设计和开发相关的信息和知识，工程师和设计师在他们设计和制造过程中，会经常依赖供应商所提供的信息以及专门知识和技能。

产品和加工技术对于外部供应商的依赖程度的继续提升，说明供应商的地位日益重要。例如，自 1990 年开始，企业在产品技术方面对外部来源的依赖程度已从全面要求 7% 上升至 44%，而在加工技术方面的依赖程度依旧保持在 40% 左右。如今，企业通过强调非核心要求的外包活动，使其自身有能力关注其核心竞争力和技术，这就确保了企业对外部供应商的依赖将会持续增长。

此外，客户希望企业能够通过在产品设计中引用新技术，从而使产

品差异化。因此，供应商对整个产品生产过程的贡献就显得尤重要。供应商的角色不仅只提供传统的产品和部件，而且还要提供包括设计、过程管理和创新能力在内的其他信息（Watts 等，1995）。现如今，供应商与制造商之间的界面在设计与开发新产品，以及供应商成功地参与新产品开发机制中扮演着很重要的角色（Culley 等，1999）。

未来市场的成功者将是那些可以连接企业的内部优势与供应商形成一个更强大的价值链，由于其更快、更敏捷和更具创新性，因此比企业的其他竞争价值链更有利可图。供应商是企业创新的源泉，制造商通过与供应商共享信息和资源可以获得互补性的知识，而互补性知识的增加可以直接导致企业创新潜力的增加。与供应商合作产生竞争优势的典型案例是日本的丰田汽车公司，它 2003 年一年创造的利润超过它的三个竞争者合起来创造的利润。不同于其他汽车制造企业，丰田对它的供应商从不保留自己的内部知识，相反它会接受供应商并建立网络，鼓励它们和自己共享知识，这些都有助于信息的交换。比起那些不与供应商整合的汽车制造商，整合给丰田带来了很大的竞争优势。另一个制造商与供应商关系的成功案例是美国的戴尔公司，在那里供应商是企业业务的新鲜血液，与供应伙伴进行有效的知识共享是戴尔成功的关键。丰田与戴尔的经验有力地证明了企业竞争优势可以通过对其供应商的管理来获取。Goffin 和 Szwejczewski 在研究中也发现，供应商对制造企业的能力和绩效具有至关重要的影响。因此，有效地管理与关键供应商的关系成为企业供应链管理的一个很重要的部分。企业如何有效利用供应商的技术和诀窍来提升自身技术能力就成为本研究所要关注的焦点。

二、采购与供应环境的变化增强了企业对供应商的依赖

世界经济的变化促使企业供应商的战略角色发生了重要变化，从而使全球范围内供应商—购买商关系的复杂性发生了戏剧性的变化。

首先，外购和离岸外包的出现。出于成本考虑，内部生产成本可能

高于企业外部供应商的成本，于是企业需要进行自制或外购决策。通过外包非核心业务，企业可以将外部供应商的关键资源和能力整合到企业自身的价值链中，从而可以弥补能力缺陷；同时，外购也使企业有更多的精力去专注核心业务的发展。研究发现，外购和离岸外包增加了企业与供应商的相互信任与依赖，同时提升了供应商管理的有效性和效率。White 和 Hanmer - Lloyd 认为，采购的目标是购买企业缺乏的能力。由于任何企业都有能力缺陷，因此，当企业缺乏所需的某项能力时，便倾向于从外部去寻求这种能力。利用外包，制造企业可以通过与其能力互补的供应商建立合作以弥补自身能力的不足。近年来，企业业务外包的范围进一步扩大，已经不仅仅局限于非核心业务，一些核心业务，如工程、研发、制造和市场，也都可以外包。由于企业越来越关注核心能力及技术专长领域，因此企业对内部能力的强调相应地要求其对外部供应商支持其直接的、非核心需求的依赖逐步增强。

其次，大规模定制的产生。产品和服务的顾客化需求，促使企业根据自己的需求来选择和开发供应商。大规模顾客化需求的发展来源于顾客需求和喜好的不断变化。企业专注于核心能力，战略外购以及大规模顾客化，使企业转向供应商去寻求支持，以保持企业的竞争地位。为了获取较高的绩效水平，很多企业转向供应商去获取那些自身所不能提供和开发的能力。与供应商关系的不断深化需要企业与供应商之间高水平的协调，这导致企业与供应商之间的关系由以往的交易关系转变为相互作用关系。

综上所述，企业的市场竞争不断被国际竞争、顾客需求、快速的技术变化、缩短的产品生命周期、先进的信息技术和新的后勤集成方案所影响，这些发展的驱动因素主要集中于核心能力、外购战略相关的活动和引入大规模定制的概念。因此，企业开始转向供应商以获取它们的支持来实施这些概念，从而获取更强大的竞争地位。供应商与制造商间的相互依赖没有本质上的好坏之分，但是这暗示了制造商在各自的顾客市场上的竞争力，会因为企业缺乏整合供应商能力方面的经验而受到妨碍，从而导致采购与供应环境发生变化。因此，为了获取较高的绩效水平，很多企业转向供应商以获取自身不再提供和不能开发的能力。这种对供应商与制造商之间高水平的协调的需要，导致了不同种类的关系，企业与供应商之间从交易型关系发展为更紧密的交互作用。供应商的角色已经从单一的部件和产品提供者转变为设计、过程管理或创新能力提供者。企业通过选择那些能更好地利用自身能力来支持企业发展的供应商来实施合作，进而获取那些可以弥补自身的内部能力的能力和技术不足。

企业生产合适产品的能力依赖供应商的能力，供应商的绩效也是企业成功的一个决定因素。供应商是早期的产品设计建议、技术贡献的关键团队成员，可以帮助企业加速产品开发周期以及为新产品设计提供重要的建议。通过早期的供应商参与，可以将供应商最新的技术能力快速整合到制造企业的产品中，从而实现技术的突破。供应商可以直接支持企业在生产和过程技术关键领域的创新能力，通过与制造企业发展紧密的合作关系来支持创新，企业可以通过识别、管理供应商，作为其商业系统的拓展来寻求持续的绩效改进和价值生成。可见，供应商不但在成本缩减、质量提升方面，而且也在创新培育、风险缩减和不断提升柔性等方面为制造企业创造价值，还可以通过它们的产品和服务，以及没有直接合成在产品和服务中的很多不同的能力为制造企业提供竞争优势。因此，深刻理解企业的经营使命和战略优势，从供应商的支持中获取竞争优势，对采购与供应管理很重要。企业可以依据相关供应商的绩效潜力、连接企业的战略优势和供应商能力来寻求更合适的供应商，以满足企业发展的需要。

三、创新驱动战略下战略采购与企业竞争优势的提升

随着科学技术的飞速发展，市场竞争越来越激烈，客观上要求企业缩短产品生命周期、快速引入新产品，以应对不断变化的市场需求。由于单一企业的竞争优势越来越不明显，很多企业仅仅依靠自身的能力，

已经不能再作为一个竞争性武器服务整个世界市场了。企业广泛认识到，不是企业自身的能力而是企业所能控制和最大限度使用的能力起关键作用。研究发现，通过将其他企业的能力整合到自身的供应链，制造企业可以更有效地创造独特的价值。由于供应商能力对顾客价值创造具有重要的作用，因此很多大型企业通过外购，不断增强与其供应商的合作来获取跨越组织边界的外部资源。越来越多的企业期望与外购供应商建立更为复杂的关系，通过与供应商发展合作互惠关系，将供应商作为企业的一个实体拓展。这一变化的出现，加剧了制造企业供应边界的复杂性，从而导致企业采购活动发生重大变化，为了使企业的采购活动与不断变化的竞争环境及企业的长期发展战略目标相适应，企业的采购行为开始由战术型向战略型转变，战略采购应运而生，企业也开始日益依靠战略采购来创造增值服务。

战略采购主要关注企业长远目标的实现，在这一过程中采购部门通过以下两个方面的功能来帮助企业获取竞争优势：获取零部件、组件和服务等的投入，以及管理与关键供应商的关系。Gadde 和 Hakansson 在《供应网络战略：新经济中的采购》一书中，也强调战略采购在制造企业发现和整合供应商的知识和技能方面具有至关重要的作用。资源观理论认为，企业的资源能够用来帮助企业获取竞争优势。随着企业高层管理者对采购战略重要性的认知，越来越多的相关研究发现，制造企业可以利用企业的采购部门这一战略性资源，通过早期供应商参与、供应商援助，从而有效利用供应商的知识和技能加速企业的产品开发和流程改进，进而帮助制造企业获取持续的竞争优势。战略采购可以通过与有限数量的供应商培养紧密关系、促进伙伴间沟通、交流和发展长期战略关系来获取竞争优势；战略采购鼓励开放的交流和沟通，企业与供应商间公开和频繁的交流可以扩大企业信息和相互理解，从而能更好地整合优势资源。

然而，战略采购是否真如相关理论所预计的那样，能够顺利转化为企业竞争优势？如果可以，其路径是怎样的？这些问题有待进行深入的探讨和分析。

第二节 国内外对创新相关研究的进展

面对竞争日益激烈的全球市场，企业开始关注核心能力，通过有效管理内部和外部价值增值活动来获取竞争优势。企业开始发展合作的、互惠的关系，同时将供应商作为企业的一个实体拓展。持续的价值生成是企业与供应商生成各种关系的根本目标。供应商是早期的产品设计建议、技术贡献的关键团队成员，供应商可以帮助企业加速产品开发周期以及为新产品设计提供重要建议。卓越的供应商能力，不但可以带来较高的产品质量，而且对顾客价值创造也具有重要作用。通过早期的供应商参与，可以将供应商最新的技术能力快速地整合到制造企业自身的产品中，从而实现技术突破。

采购是企业获取供应商能力和信息的主要来源，传统的企业观点认为企业是一个生产单元，在这个单元中原材料、零部件和其他产品是主要输入，而现在一些管理学者在管理的实践研究中发现，将企业看作一个信息处理单元更符合当代高速发展的信息社会的特征。此时，知识就是系统的主要输入，这也能更好地解释目前广泛存在的企业利用供应商的知识网络获取供应商的专门知识进而促使企业绩效和能力提升这一经济现象。

采购是连接企业与供应商的纽带，采购职能的一个很重要的目标，就是发展一个优秀的供应商网络。为了在世界市场上进行有效的竞争，企业必须有一个可以胜任的供应商网络，通过与供应商的交互作用，采购活动可以获得对企业很重要的市场、项目和技术知识。企业拥有了从事收集、处理信息的技术和知识，就拥有了与其他企业竞争的重要工具，企业的采购活动也就有了战略导向。

资源观的观点为企业利用所掌握的资源和能力生成持续竞争优势从而获取高于正常回报率的现象提供了一个理论分析框架。Barney 认为，只有那些稀缺的、有价值的、难以模仿的资源和能力才能生成持续竞争优势。在过去几十年中，企业的技术能力被认为是一种重要的战略资源，可以促使企业在行业中，特别是在高技术产业中获取竞争优势。研究发现，那些拥有较高技术能力的企业，通过开拓创新可以获取较高的效率收益，通过对变化的市场环境做出响应，可以生产出创新产品，从而实现更高的差异化。Karsson 和 Ahlstrom 认为，拥有优越技术能力的企业可以加快企业的新产品开发。Tsai 认为，技术能力是一种重要的战略资源，可以促使企业获取竞争优势。McEvily 等认为，拥有较高技术能力的企业将更具创新性，可以获得高水平的绩效。Wang、Po Lo、Zhang 等发现，拥有高技术能力的企业，倾向于用一种创新的方式生成和交付创新产品及服务，从而提高了企业的新产品开发绩效和整体的企业绩效。从这种意义上来说，技术能力可以被认为是持续竞争优势的重要来源之一。技术能力是生产组织、产品、设备和工程项目的生成和管理改进过程中所需要的资源，积累、嵌入在个体（表现为个体所拥有的技能、知识和经验）和组织系统中。一个企业建立技术能力的主要机制是创新，一般来说，创新被定义为企业采用一个新的想法或行为来实现组织目标。创新可以是一个新产品、一种新服务、一项新技术、一种新的做事方式或者一个新市场，随后创新产生变化，可以是渐进性的，也可以是突破性的。创新不仅在新服务、产品和过程方面，也在企业不断增长的知识基方面，为企业技术能力的提升提供立竿见影的效果，而反过来企业技术能力的提升也为企业进一步创新、绩效提升和增强竞争优势提供了重要动力。

从国内外采购与供应管理的实践来看，战略采购越来越受到理论界和实践者的关注。对战略采购的早期研究多是从其对企业的短期绩效方面着手的。研究主要涉及战略采购对企业成本、交货、质量、响应等方面的影响。随着研究的逐步深入，研究的方向和范围也进一步扩大，逐渐关注对企业创新及技术能力等长期绩效的影响。这方面的研究主要有采购对企业新产品开发、技术与产品创新及技术能力等方面的影响。从现有的研究成果可以看出，对战略采购的实施状况及其对企业绩效与能力的作用机理的研究，多是以美、日、欧等发达国家制造企业为背景的。研究发现，不同国家之间战略采购的实施状况对企业绩效及能力的影响结果存在着明显的差异，这主要是因为对战略采购内涵的界定还没有一个系统清晰的阐述。关于我国制造企业战略采购的实施状况如何，以及对企业技术能力和竞争优势的作用机理还有待进一步研究。因此，我们迫切需要解决以下几个方面的问题。

首先，对战略采购概念的界定及测度目前还处于探索阶段，需要根据我国制造企业的实际情况进行有中国特色的探索。战略采购概念的准确界定，既是企业有效实施战略采购的关键，也是深入研究战略采购对我国制造企业技术能力作用机理的必要前提条件。

其次，企业技术能力提升的关键影响因素是什么？基于供应商网络的企业技术能力的影响因素有哪些？这些因素对企业技术能力有怎样的影响？针对这些问题，关于我国制造企业实际的研究尚未见报道。因此，此项研究不仅可以填补目前国内相关理论研究的空白，而且还可以对我国制造企业技术能力提升提供一个崭新的视角。

最后，现有文献中关于战略采购对企业技术能力作用机理的理论与实证研究相对较少。相关理论研究主要集中在以下几个方面：采购在新产品开发中内部角色、在供应商购买商关系中采购的边界角色以及采购对企业新产品开发和创新的重要影响。此类研究主要是以国外企业为主，而且大多数是主要研究单一的战略采购实践对企业技术能力的某一方面的影响，缺乏系统和完整的思考。目前，国内企业面临更多的困惑是，在利用战略采购提升企业竞争优势的过程中应该如何实施才是最有效的。

综上所述，近年来，战略采购与企业技术能力之间影响关系的研究，出现了比较集中的进展。总的来说，大部分研究结论肯定了战略采购对企业技术能力的积极影响作用，然而也存在否定性的研究结论，导致研究结论不一致的主要原因在于：目前国内关于战略采购的内涵及其构成要素的研究还比较模糊，对其内部各要素的确定及测度还没有一个可供借鉴的标准；同时，很多研究都是以单向的战略采购实践为对象，具体分析它们对于企业技术能力可能存在的积极或消极的影响，脱离了企业战略采购是一个整体的、系统的过程的现实。因此，要想真正理解战略采购与企业技术能力之间的关系性质，为后续的实证研究提供一个坚实的分析基础，必须挖掘两者之间是否存在内在逻辑关系。只有找到一定的逻辑关系，从理论上说明为什么战略采购能够影响企业技术能力，是如何从根本上施加影响作用的，才能更好地解决战略采购与企业技术能力之间关系研究的问题。

第三节　研究目的和当代意义

战略采购已经成为采购与供应链管理发展的新趋势，也成为美、日、欧等发达国家学术界与企业界关注的焦点。一些大型企业已经在某种程度上实施了战略采购并取得了一定的效果，但关于战略采购与企业技术能力作用关系的理论及实证研究还很少。虽然实施战略采购可以带来企业技术能力的提升，增强制造企业的竞争优势。然而，通过调查发现，我国企业的战略采购实施状况还不尽如人意，只有少部分企业对目前的战略采购实施结果表示满意，大部分企业就战略采购对企业技术能力与竞争优势的积极作用还没有引起足够的重视，更没有像国外企业一样形成一套系统的理论指导，在具体的实施过程中还存在很大的盲目性。究其原因主要有：首先，对战略采购定义的认识存在偏差，将战略采购与采购战略相混淆，没有考虑与企业战略的匹配；其次，关于战略采购的要素没有明确，因此没有办法有效地指导和评估企业的战略采购实践活动对企业技术能力的贡献；最后，战略采购实施的水平较低，由于市场环境的复杂性、企业高层管理者对战略采购作用的认识以及体制和机制的制约等，都会影响战略采购的实施水平，进而影响其对制造企业技术能力作用关系。

因此，研究我国制造企业战略采购的实施情况及其对企业技术能力的作用机理，可以为企业战略采购的有效实施提供管理建议和思考。同时，有效实施战略采购，充分利用供应商的关键知识和技能，提高制造企业的技术能力和竞争优势，从而有效地参与国际竞争是本研究的最终目的。然而，目前已有的研究成果主要以美、日、欧等国家的制造企业为研究对象，由于经济基础和文化的差异，战略采购的实施对企业技术能力的影响也存在一定的差异，能否依据以国外企业为背景所得出的研究结论和成果，指导我国企业的战略采购实践还有待进一步验证。因此，有必要根据我国的经济、技术和文化的特点，研究适合我国制造企业实际的战略采购与企业技术能力的关系。本研究借鉴国内外相关研究成果，提出既符合一般管理特性又符合我国国情的战略采购与企业技术能力关系的相关观点，通过大量实际调查来探讨在我国的社会经济和技术背景下，制造企业的战略采购对企业技术能力的作用关系，为我国制造企业通过有效地实施战略采购来获取企业技术能力的提升，提供一定的理论支持和实践指导。

第四节　研究问题、内容和目标

一、研究问题的提出

随着竞争和市场不确定性的不断加剧，持续的技术创新和技术突破成为企业生存和发展的必要条件。因此，企业必须将技术可能性和市场需求高效地联系起来以应对不断加速的市场需求。单一企业没有必要也不可能依靠自主研发来掌握关于产品开发和生产的全部技术知识，客观上要求企业充分利用外部技术资源，与企业的技术相互整合，通过各种模式探索提高企业技术能力的机制，实现企业技术能力的跨越式发展，在结构升级的过程中赢得竞争优势。越来越多的研究认识到，企业与供应商之间的交互关系是企业创新成功的关键。由于不同的供应商在技术积累方面各有所长，因此企业在产品和技术创新中，已经开始与供应商进行广泛、密切的合作。合作使企业与供应商的关系被嵌入在网络中，通过企业之间的纵向协作或联合，制造企业可以在一定程度上实现技术积累资源的共享和交流。通过与供应商共享信息和技术，制造企业可以拓展自身的技术能力。供应商在产品设计阶段及采购与生产过程中的参与程度，是影响企业技术能力的关键因素，不仅能够降低生产成本和交易成本，而且也能够攻克关键技术难题，从而提高制造商与供应商的共同绩效。同时，集成供应商的技术人员参与跨组织团队，共同拟定策略，进行团队协作，不仅可以降低实施成本，而且有助于技术交流，提供有竞争力的技术解决方案。

近年来，很多大型企业通过外购不断增强与供应商的合作来获取跨越组织边界的外部资源，企业也广泛认识到，不是企业自身的能力而是企业能控制和最大限度地使用能力的能力起关键作用。未来市场的成功将取决于将企业自身的内部优势与供应商相连接，产生一个更强大的价值链，由于其更迅速、更敏捷、更具创新性，因此比其他竞争价值链更有利可图。战略采购在不断寻求新的连接供应商和企业自身知识与技能的渠道方面扮演着一个很重要的角色。企业技术能力的本质是企业的知识。企业技术能力的获取依赖于企业获取边界的资源和能力的有效性。研究发现，制造企业可以从知识获取的角度利用其外部供应商的专业知识和技能并从中获益，核心企业技术能力的获取将依赖于企业从供应商的知识网络中获取知识的能力，在此情况下，战略采购在收集重要的市场信息和管理相关供应商方面有很大的责任。作为一种跨组织边界的关键的购买活动，战略采购的有效实施能够使制造企业充分利用关键外部供应商的专业技术和资源，高效地收集和传播供应市场信息，并从这一过程中获益。然而，什么样的采购活动属于战略采购，如何衡量企业战略采购的实施状况，战略采购是如何影响企业技术能力的及其关系机理如何还尚不清楚。因此，研究战略采购的概念要素及其对制造企业技术能力的影响作用具有重要的理论与实践意义。本研究将在理论探索的基础上进行实证研究，以期对企业战略采购的实施水平进行有效测量，通过有效实施战略采购为企业技术能力的提升寻求一条崭新的路径。

二、研究内容

（1）战略采购的概念要素及其测度研究。通过对国内外相关文献检索，运用文献资料分析法和现场实证调研，识别出战略采购的结构要素，采用探索性因子分析方法检验变量，并依据各题项所反映的特征进行因素命名。

（2）基于供应商网络视角的企业技术能力影响因素研究。通过对国内外企业技术能力影响因素相关文献的搜索，运用文献资料分析法和现场实证调研，识别出基于供应商网络的企业技术能力的影响因素，采用探索性因子分析方法检验变量，并依据各题项所反映的特征进行因素命名。

（3）研究战略采购对企业技术能力的作用关系。依据第二步中探索性研究所得的结果，通过构建战略采购对企业技术能力影响关系的概念模型，深入分析战略采购对企业技术能力的作用机理。

（4）战略采购对企业技术能力影响关系的实证检验。通过对我国中、东、西部地区的制造企业进行实地调研，运用调研数据对所提出的假设进行检验，通过分析检验结果，为制造企业通过实施战略采购来提升企业自身技术能力，提供可操作性的建议和意见。

三、研究目标

（1）依据我国制造企业战略采购的行为表现及特征，萃取出我国制造企业的战略采购结构要素。

（2）探索基于供应商网络的企业技术能力影响因素。

（3）构建战略采购与企业技术能力关系的概念模型。

（4）通过实证检验战略采购对企业技术能力的作用机理。

从供应链上下游企业间合作出发，研究战略采购的必要性及其对企业技术能力的作用关系。改变了过去只重点关注战略采购对企业短期绩效的贡献作用，开始关注战略采购对企业创新和技术能力的作用，研究结果拓展了战略采购在组织中的角色。本研究通过关注战略采购对企业技术能力的重要性，以利于企业发现技术能力提升的多种实现途径。期望通过理论分析和大样本实证检验得出的结果，能够为促进采购与供应管理、技术能力、技术创新的研究者以及企业的经营者提供一种新的技术能力提升方式，使企业在面对日益加剧的技术复杂性和环境不确定性中，能够充分利用供应商的知识和技能来实现其自身技术能力的积累和发展，为企业技术能力的提升开辟一条崭新的路径。

第五节　研究思路、方法和结构

针对战略采购在促进企业新产品开发和企业技术能力方面面临的现实问题和目前相关理论研究的不足，在探索战略采购结构要素和基于供应商网络的企业技术能力影响因素研究的基础上，构建一个战略采购与企业技术能力相互关系的概念模型，通过对大量调研数据的分析，实证检验战略采购对企业技术能力的影响关系，为我国制造企业有效实施战略采购进而提升企业技术能力提供理论支持和实践指导。

本研究遵循理论分析和实证研究并重的原则。在相关理论研究的基础上，结合企业现场实地调研，构建一个完整的战略采购对企业技术能力的影响关系的分析框架，并提出相应假设，采用实证研究的方法对假设进行验证。研究中所使用的具体方法如下：

（1）文献资料分析法。文献资料分析法是系统而客观的界定、评鉴并综括证明的方法，以确定过去事件的确定性和结论。通过对战略采购和企业技术能力相关理论进行文献分析，归纳出战略采购的结构要素和基于供应商网络的企业技术能力的影响因素，为建立战略采购与企业技术能力之间逻辑关系的分析框架和后续理论模型的构建，提供坚实的理论基础。

（2）访谈法。选取与研究相关的企业及专家进行深度访谈，用以检验文献分析中所提出的观点与企业实际存在的差异，进而补充或修订相关理论研究中存在的不足，使研究更符合企业的实际情况，增强结论的可操作性。

（3）实证检验法。运用实证检验的方法，可以证明理论推导的合理性和证明研究的现实意义。本书使用探索性因子分析法研究战略采购的概念和基于供应商网络的企业技术能力的影响因素，运用结构方程模型检验战略采购与企业技术能力的关系机理，运用 SPSS 分析关系嵌入的中介效应和技术学习的调节效应。依据上述实证检验方法对所建立的假说体系进行多方位的统计检验，进而验证相关研究假设。

综合以上论述，尽管目前国内外对于战略采购与企业技术能力之间的影响关系，已经展开了大量卓有成效的研究工作，但是仍然存在一些理论上的不足以及企业实践中迫切需要解决的现实问题。特别是，战略采购与企业技术能力之间的逻辑关系还有待确认，这就影响了战略采购在企业技术创新领域方面的推广和应用。而关于战略采购结构要素也存在不同的认识，它对于企业战略采购具体应用过程中判断如何实施是至关重要的。通过对战略采购与企业技术能力关系的创新研究，本书期望能够较好地回答以下问题：在我国的制造企业中，战略采购应该具有怎样的内涵？战略采购是否适应于创新领域，以及为什么能够影响企业技术能力？战略采购通过怎样的方式影响企业的技术能力？

针对所提出的主要研究问题，本书将按照以下结构进行组织。本书总体上分为两部分：第一部分：企业创新突围，主要讲述创新驱动战略下政府支持企业技术创新的行为及企业的技术创新实践活动；第二部分：创新的实证研究，主要采用问卷调研及访谈的方法，对我国创新驱动战略下企业通过与供应商建立新型关系，进而实现技术突破和创新这一活动的有效性进行实证检验。具体内容安排如下：

第一章：经济新常态下我国政府在企业技术创新中的作用。通过调研访谈，归纳梳理出经济新常态下政府在创业创新中的指导作用，并提出对策建议。

第二章：介绍本书研究的现实背景和理论背景，针对存在的问题和不足，阐明和归纳出研究问题，说明研究意义，提出即将开展的基本研究内容、所使用的方法以及本书的框架安排，为后续研究的开展奠定基础。

第三章：在文献研究的基础上，系统地评述了战略采购与企业技术能力关系的研究进展。首先，利用资源观理论、知识与能力观理论和网络资源观理论解释战略采购的动因；其次，就研究中涉及的战略采购、网络嵌入以及企业技术能力相关研究进行综述，通过对战略采购动因、企业技术能力基本内涵及其形成过程的分析，论述战略采购对企业技术能力的作用。

第四章：战略采购结构要素的探索性研究。通过文献分析和实地访谈，形成战略采购结构要素的调研问卷，通过 SPSS 进行探索性因子分析，提取出主要影响因素并对因子进行命名，为后续实证研究奠定理论和实践基础。

第五章：战略采购与企业技术能力关系模型的构建及研究假设的提

出。通过对基于供应商网络的企业技术能力的影响因素进行探索性研究，归纳出基于供应商网络的企业技术能力影响因素，并由此构建出战略采购与企业技术能力关系的概念模型，通过分析模型的关键构成要素之间的关系，提出相应的研究假设。

第六章：研究设计与测量质量评估。首先，介绍变量测量指标的获取方法及获取情况，对变量进行操作化定义；其次，选择模型验证的方法，明确验证的程序；最后，运用项目分析、信效度分析来评估研究测量的精确性和准确性。

第七章：实证分析与结果讨论。基于原假设模型各要素之间的路径关系，建立初始结构方程模型，运用 AMOS 5.0 检验战略采购与企业技术能力的主效应关系；运用 SPSS11.5 检验网络关系嵌入的中介效应和企业技术学习的调节作用，最后对实证检验结果进行讨论，与前人研究结论进行比较和分析，发现研究的理论贡献和现实意义。

第八章：研究结论与展望。通过总结概括本书所取得的重要研究结论及创新点，分析出研究中存在的不足，进一步明确该领域今后需要研究的问题。

第三章

CHAPTER THREE

创新在行动:供应商参与企业技术创新

党的十九大提出，建设现代化经济体系“必须坚持质量第一、效益优先，以供给侧结构性改革为主线，推动经济发展质量变革、效率变革、动力变革，提高全要素生产率，着力加快建设实体经济、科技创新、现代金融、人力资源协同发展的产业体系，着力构建市场机制有效、微观主体有活力、宏观调控有度的经济体制，不断增强我国经济创新力和竞争力”。

党的十九大明确了“建设现代化经济体系，必须把发展经济的着力点放在实体经济上，把提高供给体系质量作为主攻方向，显著增强我国经济质量优势。加快建设制造强国，加快发展先进制造业，推动互联网、大数据、人工智能和实体经济深度融合，在中高端消费、创新引领、绿色低碳、共享经济、现代供应链、人力资本服务等领域培育新增长点、形成新动能。促进我国产业迈向全球价值链中高端，培育若干世界级先进制造业集群。”

本章关键词：现代化经济体系；现代供应链；技术创新

为了进一步明确研究问题的理论背景，本章分别就战略采购、网络嵌入理论和企业技术能力的相关研究进展进行了文献回顾，目的在于明确不同理论所涉及的各种概念、理论前提和基本内容，使以后的讨论有一个清晰明确的概念和范围限定。本章通过对主要研究结论进行阐述，分析各理论研究中所蕴含的内在逻辑，从而发现新的研究视角和有价值的研究内容，为本书整体概念模型和假设的提出奠定基础。

第一节　企业战略采购的提出和相关研究

由于全球化所带来的不断增长的商业环境的不确定性、外购和产品生命周期的缩短，采购在连接企业内部和一些商业伙伴的跨职能边界中扮演着一个重要的角色，外部供应商对企业的成败有很重要的影响。采购的一个很重要的职能是开发和保持与供应商的战略联盟，通过有效整合供应商的市场和技术知识，企业可以防范供应商的机会主义倾向，同时企业在和供应商合作的过程中，增加了获取和利用隐性知识的机会，进而获得双方能力的提升。制造企业供应边界复杂性的增加，导致企业采购活动发生重大变化，为了确保企业的采购过程与新的竞争环境及企业的长期目标相适应，越来越多的企业采购模式开始由战术采购转向战略采购。战略采购的研究对制造企业具有特殊的意义，主要体现在以下三个方面：首先，企业的采购成本占总成本比例很大；其次，供应商的能力在很大程度上决定了制造企业的能力和绩效；最后，企业在与供应商的互动沟通与交流中可以产生新的价值。

一、战略采购的内涵

采购，作为企业的一种资源，在如今不断增长的世界经济中，需要承担更具战略性的作用。采购职能的战略性转变主要表现为，从主要为其他部门提供资源需求的支持性角色转变为一种战略性资源，关注焦点也从日常的采购活动转变为长期的、价值增值的采购和参与供应链的主动性，同时在跨职能和跨组织的关系以及在很多供应链活动中作为驱动力而出现。

Carr 和 Pearson 研究认为，非战略性的采购部门不会被高层管理者认为是企业价值链的一个重要因素，并且它是短期导向，在本质上是文书性质的，作用是为了满足企业其他职能部门以及供应环境的需要，在传统的非战略采购中，采购经理的计划和供应商管理相关的采购技能在很大程度上是不受重视的。战略地使用采购可以连接企业和环境，主要是因为环境影响企业未来的采购需求和相应的采购战略，经济、政治、社会和技术变量的加速变化，促使企业不断审视自身的环境。

高层管理者对战略采购的关注度日益增长，主要原因在于不断增加的原材料成本和竞争环境的快速变化。从理论角度来讲，高层管理者认为战略采购是企业的一种重要资源，它可以用来开发和支持企业的能力以及增强企业的竞争力。同时采购已经参与到企业的战略计划过程，而且与企业的其他主要职能享有同等重要的地位，因此战略采购已经被认为是成功的供应链管理的一个基本单位。

战略采购作为一种主动性活动，通过早期供应商参与产品设计、共享供应商技术以及在生产和过程提升中提供供应商援助来建立竞争优势。战略采购的目标是减少不确定性、提升柔性，以更好地处理供应、需求和竞争的不确定性，敏感需求的决策需要企业与供应商共享信息。战略采购的目标来自于企业的长期计划过程，同时采购的需求和现实，诸如新产品的关键信息、新技术、可能的可用性材料，也会影响企业目标的选择。目前，关于战略采购的定义有很多，具体见表 3 – 1。

表 3 – 1　战略采购的定义

研究文献	具体内容
Carter 等（1990）	是一种主动性的活动，通过早期供应商参与产品设计、共享供应商技术以及在生产和过程提升中提供供应商援助来建立竞争优势，是一种不需要资本投资来获取生产能力的方式
Freeman 和 Gavinato（1990）	整合采购战略与企业战略
Ellram 和 Carr（1994）	区分了战略采购与采购战略：战略采购从属于公司和事业单位战略管理范畴，是根据竞争战略确定供应商管理目标，与供应商发展有助于竞争优势创造的交易关系并在供应商、采购部门、其他职能部门间进行战略目标和活动的整合；而采购战略是职能战略，是在战略采购指导下制定实施的具体采购目标和行动，两者发生在不同的层面上
Shawn（1995）	计划、实施、控制、评价运作性和战略性采购决策的过程，通过这些采购决策指导采购职能的各项目标与企业能力和发展规划相结合，以实现企业的长期目标
Carter 和 Narasimhan（1996）	战略评估采购职能来支持和帮助企业获取竞争优势
Carr（1996）	在产品设计、生产战略上利用供应商的技术能力，与供应商建立关系
Carr 和 Smeltzer（1997，1999）	计划、实施、控制战略性和操作性采购决策的过程，目的是指导采购部门的所有活动都围绕提高公司能力展开，以实现公司远景计划
Narasimhan 和 Das（1999）	设计和管理供应网络以使其与运作绩效目标和组织绩效目标相一致
龚敏和周晖（2001）	以最低总成本建立业务供给渠道的过程，通过充分平衡企业内部和外部的优势，以降低整体供应链成本为宗旨，涵盖整个采购流程，从原材料直至付款的全程管理
宋华和胡左浩（2002）	以战略为目标，在战略的高度审视采购，用分析法为某一特定的货物制定采购战略并加以执行，透过跨部门商品行动小组的运作，对不同供应商采取差异化的策略、方法、业务流程及决策规则，以期降低公司采购的物料、交易及服务的总成本，并经由系统化的流程建立，达到持续改善的目的

续表

研究文献	具体内容
Trent 和 Monczka（2002）	战略采购是一个跨度很大的过程，包括公司的所有职员。战略采购团队涉及质量、设计、工程、制造、市场营销、会计以及其他所需部门的职员，而不仅仅是正规采购部门的职员
Smeltzer 等（2003）	通过获取投入和管理供应商关系以实现公司长期目标的一个系统、全面的过程
Kocabasoglu 和 Suresh（2006）	战略采购包括四个方面：采购职能在企业中的地位、采购与其他职能部门的内部协调层次、信息分享、开发关键供应商
Paulraj 和 Chen（2006）	战略采购概念的理论框架包括长期关注、高层管理者的支持、采购对企业成功的贡献以及战略地管理供应商关系
卢蓉（2006）	通过外包、设计供应商群体、发展长期合作交易关系和采购，整合四个战略性采购决策所构成的推动规制结构由企业或市场向网络变迁的过程，其目的是利用规制结构的替代变迁来获得交易成本的持续降低和交易效益的持续提升
Pressey 和 Tzokas（2007）	采购参与企业战略计划过程。高的战略采购导向强调企业与供应商竞争战略、组织文化等的匹配，而这是成功的供应关系的标准
Su 和 Gargeya（2012）	在宏观水平上，战略采购要求采购管理者关注企业的宏观环境、预测环境中的变化、与供应商发展长期的关系、发展与其他职能部门间积极的交互作用以及分析与供应商相关的企业的竞争优势和劣势。在微观水平上，战略采购包括识别关键材料及部件、评估可能的供应不确定性、每一关键原料及部件的风险和破坏、对所有可能存在的供应问题发展相应的应急计划

综合上述文献分析我们发现，虽然目前国内外关于战略采购内涵的研究有很多，但归纳起来主要分为以下三组：第一组是关注自制或外购决策的驱动，该研究主要依据产品是否可以给企业带来竞争优势，以及组织是否有能力去生产该产品；第二组是关于采购战略与战略采购的关系问题；第三组是关于战略采购的研究主要关注采购过程的长期性以及供应商—购买商关系管理。这些研究的缺陷首先是每一项研究主要关注不同的方向（主要是依据其研究目的而展开），缺乏对战略采购内涵的系统性思考；其次，目前的研究多是描述性或者基于少数案例的研究，缺少大量的企业数据收集以及统计分析的支持，不具操作性；最后，那

些针对国外企业的研究是否适合我国国情还有待进一步讨论。因此，有必要对战略采购的内涵及其构成要素进行基于我国制造业环境的探索性研究，从而为企业有效实施和评价其战略采购实践活动提供有力的支撑。文献研究发现战略采购是一个系统性工程，其活动涉及企业的所有部门，企业可以通过获取投入和管理与供应商的关系，使采购目标与企业能力和发展规划相结合，从而实现公司的长期目标（能力提升）。

因此，本书认为战略采购的内涵应该包含以下四个方面的具体内容：①强调采购战略与企业战略的融合；②强调发展与供应商的长期关系；③强调采购部门与企业内其他职能部门之间的内部整合；④强调战略采购对企业长期目标的贡献（采购活动围绕公司能力提升展开）。

二、战略采购动因的理论解释

（一）资源观

资源观强调企业的资源和能力在保持竞争优势中的战略重要性。企业运作成功与否在很大程度上取决于企业所能聚集到的资源的类型，企业所能控制和使用的有价值的、稀缺的、难以模仿的异质性资源是企业发挥竞争优势的关键，因此，企业经营与发展的关键是寻求企业所需要的独特资源和能力。

资源观理论认为企业是由资源所组成，包括（有形的或无形的）资产、投入要素和能力，这些资源是企业建立竞争优势所需要的。例如，资源包括雇员的个人技能、贸易往来和内部的技术知识、高效的程序等。资源观的观点是本研究的理论背景，供应链能力和资源是供应链战略和成功的企业绩效的潜在来源。资源观强调企业战略和企业能力，这也是本研究关注的焦点。

资源观将企业如何开发和利用独特的资源，作为企业优越性能的关键来解释企业的竞争与资源、能力的连接。Porter 认为，企业资源是有价值的，因为它可以使企业在特殊的市场获得竞争优势。Prahalad 和 Hamel 引入核心能力（企业所拥有的独特的资源和能力，对于企业获取竞争优势至关重要）的观点，认为企业的竞争优势来源于其所建立的超越竞争对手的核心能力。资源管理论被用来解释采购和供应商参与如何增强企业独特的能力，从而正向影响企业绩效的过程以及技术如何作为一种独特的资源影响生产、信息流和绩效。Kim 用资源观理论来解释供应链管理实践、竞争能力、供应链集成水平和企业绩效之间的因果关系。Dobrzykowski 等运用资源观理论解释了成功的外购决策可以为企业发展其核心能力提供内部观点。

同时，资源观理论可以帮助我们解释，为什么缺乏特定竞争能力的企业，会寻求和促进供应链伙伴间的合作关系来获取这些能力。企业已经广泛意识到，通过将采购整合到企业的战略计划中可以给企业带来利益和竞争优势。资源观认为，企业是资源的集合体，而采购部门可以获取供应商群，这是企业最大的资源之一。战略采购被高层管理者认为是企业的一种重要资源，它可以用来开发和支持企业能力以及增强企业的竞争力。

（二）能力与知识观

传统的资源观是静态的，没有考虑企业竞争优势的获取需要利用资源与知识的这一动态化过程，因此无法解释企业如何有效利用异质性资源和能力来获取竞争优势。

核心能力学派认为，企业的竞争优势取决于企业发现、培育和利用核心能力的能力，强调组织能力对资源的配置和利用的作用。知识学派认为，企业的竞争优势源于对知识的创造、存储和应用。Sirmon 等在研究动态环境中企业的资源与价值创造的关系时指出，企业的竞争优势可以通过整合企业内外部资源去适应环境变化（这就是所谓的动态能力）的能力来获得。动态能力理论完善了资源观的理论分析框架，弥补了企业在难以预测的环境中如何获取竞争优势的不足。由于能力的本质是知识（特别是企业拥有的难以转移和模仿的隐性知识），因此企业的竞争优势来源于知识的创造、积累和应用。

企业技术能力的本质是知识，因此，企业技术能力来源于企业对新知识的持续获取、运用和创造，企业的知识存量是随着企业不断获取和创造知识而动态变化的。实施战略采购，制造企业可以通过与供应商共享关键信息和技术，从供应商处获取新知识，增加知识存量，然后通过内部的知识学习创造出新知识，从而来更新和积累知识，进一步获取技术能力的提升。

（三）网络资源观

传统的资源观认为，超额的收益来源于企业所控制的资源，然而，行业间快速增长的合作关系夸大了这一观点，学者们开始关注企业边界外部资源的重要性。网络资源观强调，企业外部的网络资源也是企业竞争优势的来源。网络资源存在于企业间的网络之中，可以为企业带来竞争优势，Dryer 和 Singh 从关系视角探讨合作战略与跨组织竞争优势的来源之间的关系时认为，企业的竞争优势可以通过获取跨越组织边界嵌入在组织间资源和惯例中的关键资源来获得。

资源观认为，企业的竞争优势来源于所获取和掌握的独特的、难以模仿的异质性资源。可见，企业所拥有的和可支配的资源对企业至关重要，同时企业可以通过复制组织惯例、发展企业间的关系网络，从而有效整合和使用企业的网络资源以获取额外收益。研究认为，伙伴企业间连接的互补性资源是竞争优势的一个重要来源，关系资产的异质性使竞争者很难模仿。通过合作，伙伴双方可以从共同工作所产生的租金中获益，企业的这种能力依赖于建立有效的供应职能和与供应商合作伙伴关系的提升。例如，日本丰田生成和管理的高绩效知识共享生产网络，可以为供应商和制造企业带来相当可观的收益。

关系收益在本质上是长期而持续的。为了生成关系租金，企业必须创造一种允许供应商和制造商贡献与发展这种关系的环境。采购职能的一个很重要的目标就是发展一个优秀的供应商网络。企业技术能力的知识本质决定了企业获取和创造稀缺的、异质的、难以模仿和转移的知识是企业技术能力的关键所在。由于隐性知识嵌入在组织的员工、技术和工具所形成的特定情境中，因此隐性知识的获取通常要求企业之间具有较强的关系嵌入性。通过关系嵌入性，企业可以获得异质性、有价值的资源和信息，这些都有助于企业产品和工艺的改进以及新产品和新工艺的开发，进而推动企业技术能力的提升。

实施战略采购，企业与供应商的关系被嵌入在网络中，通过与供应商间持续的交互作用，制造企业可以在一定程度上获取供应商的关键技术和信息，从而实现企业技术资源的积累。

三、战略采购与企业绩效的关系研究

用户的顾客化需求以及对飞速变化的市场快速响应的需求，使越来越多的企业认识到采购在获取持续竞争优势和提升财务绩效中的战略作用。不同行业的研究都显示企业获取持续竞争优势的能力，可以通过发展一个能够整合到企业的战略决策制定过程中的复杂的采购职能来增强。Kumar 和 Arbi 在研究美国纺织和服务业时发现了一种提升企业竞争力的方法，即战略地管理供应商。

基于资源观的理论认为，采购部门可以获取其供应基，这是企业最大的资源之一。制造企业通过实施战略的方法，去寻找那些可以贡献于企业自身能力的拥有专门技术和能力的供应商，从而成为一个有效的竞争者。供应商的市场、项目和技术知识对企业成功很关键，战略采购可以通过为有效的成本管理提供价值、提供企业关于供给趋势的关键信息，以及与关键供应商建立紧密关系来帮助企业获取竞争优势。因此，使用战略采购进行的决策可以提高企业的最低利润。很多产业都强调采购对生产和商业目标的战略贡献。

Das 和 Narasimhan 认为，采购的内部整合，可以提升企业的产品设计，同样战略采购通过加强与外部供应商的整合可以与供应商更有效地共同设计产品和过程，进而提升企业的战略能力。战略采购通过整合和协调企业的不同职能部门（包括工程、采购、运作、后勤、市场等）到企业的战略决策制定水平上来审视不断变化的商业环境，特别是市场上供应趋势的发展，通过解释这些趋势的含义为企业战略决策制定提供有价值的信息。同时，战略采购通过选择、评估以及发展供应商，使企业可以在国内、国际商业环境中获得优势。

战略采购通过为企业增加价值来正向影响企业绩效，通过在采购的长期计划中发展与关键供应商的长期关系、企业高层管理者的关注以及与其他职能部门（如生产、营销、客户服务部等）间的积极交互作用来支持企业的整体战略，从而带来企业绩效的提升。很多研究表明，整合采购到企业的战略计划中，可以带来高水平的企业绩效。近年来，关于战略采购与企业绩效关系的研究，具体见表3－2。

表3－2　战略采购与企业绩效相关研究

作者	变量	研究的主要结论
Carter 和 Narasimhan（1996）	采购的重要性、与供应商的相互作用、与其他职能部门的相互作用水平、人力资源管理、对供应商的影响、竞争焦点、采购组织和结构、企业绩效	这些因素均对企业绩效有正向影响。采购部门在组织中的重要性是成功测量的关键因素。购买商—供应商关系利益影响企业绩效。采购在企业战略中扮演重要的角色
Carr 和 Smeltzer（1997）	采购的地位、采购的知识与技术、采购的风险、采购资源、战略采购水平	采购部门的地位、采购知识和技术、采购抗风险的意愿、采购资源对战略采购水平有正向影响
Carr 和 Pearson（1999）	战略采购、供应商—购买商关系、供应商评估系统、企业财务绩效	战略采购正向影响企业财务绩效、供应商—制造商关系和供应商评估系统。供应商评估系统正向影响供应商—制造商关系、正向影响企业财务绩效
Carr 和 Smeltzer（1999）	战略采购水平、供应商沟通、供应商响应、供应商市场变化、企业绩效	战略采购与供应商沟通、供应商响应、供应商市场变化、企业绩效有重要的关系

续表

作者	变量	研究的主要结论
Narasimhan 和 Das（1999a）	战略采购、先进生产战略、修正柔性、数量柔性、新产品开发柔性、生产价值函数	战略采购正向影响供应商响应和帮助。战略采购与修正柔性有重要关系，与数量和新产品开发柔性则无。修正柔性正向影响生产成本缩减，战略采购不直接影响生产绩效
Mark 等（1999）	合作竞争战略、采购目标、采购、企业绩效、高层管理者对采购重要性的认知	企业的合作竞争战略影响企业的采购目标；采购通过更好地与其他职能部门的整合、与供应商紧密的伙伴关系和更好地参与团队决策，可以带来更好的企业绩效
Das 和 Narasimhan（2000）	采购能力、供应基优化、供应商—购买商关系开发活动、供应能力审计、采购整合、生产绩效	采购能力包括四个方面：供应基优化、供应商—制造商关系开发活动、供应能力审计和采购整合。供应商能力审计和采购整合与生产绩效有正向关系
Narasimhan 和 Das（2001）	采购整合、采购实践、生产绩效	采购整合和采购实践与生产绩效正相关
Carr 和 Pearson（2002）	采购/供应商参与、战略采购、企业财务绩效	采购/供应商参与对战略采购有正向影响，战略采购正向影响企业财务绩效
Smeltzer 等（2003）	谈判计划、战略采购	缺乏对整合战略采购和谈判计划的理解，供应管理者应当强调这两个过程的整合
Chen 等（2004）	战略采购、沟通、限制数量的供应商、长期导向、顾客响应、财务绩效	战略采购正向影响供应商和制造企业之间的沟通和长期导向，沟通和长期导向正向影响顾客响应，进而正向影响财务绩效，限制数量的供应商与顾客响应没有重要的关系
Kocabasoglu 和 Suresh（2006）	采购地位、内部协调、信息共享和供应商开发、战略采购	采购地位、内部协调、信息共享和供应商开发是战略采购的四个方面
Cousins 等（2006）	采购部门的结构、组织绩效、战略采购、采购部门的地位、采购部门的整合、采购部门的技能、供应商整合、供应商关系产出、生产绩效、财务绩效	组织中的采购职能依据其在战略计划中的角色、高层眼中的地位、内部整合的水平以及自身的技能进行分类，基于采购特征的不同构型，不同的采购部门有不同水平的绩效产出。文章通过聚类分析将采购分为以下四个阶段：战略采购、能力采购、未开发的采购和文书采购

续表

作者	变量	研究的主要结论
Paulraj 等（2006）	战略采购、供应整合、供应链绩效	文章从战略关注、战略参与和采购在企业中的地位来衡量企业的战略采购水平；将供应整合分为关系、过程、信息和跨组织团队的整合四个部分；实证结果表明，企业的战略采购水平越高则供应整合越好，同时战略采购水平对供应商和制造企业绩效都有正向的影响
Ogden 等（2007）	战略采购、战略计划、跨国对比	战略采购包括三个因素：专业化、地位、供应管理。采购的技术、知识和专业化和采购在组织中的地位存在差异，而企业的供应管理实践活动不存在地域差异。采购的可获性资源决定了采购的地位、专业化以及供应管理战略水平
Gonzalez – Benito（2007）	采购效能、采购战略整合、采购战略整合的采购效能、商业绩效、财务绩效	采购效能和采购效能通过采购战略整合正向影响商业和财务绩效，然而采购战略整合与商业绩效和财务绩效没有关系
Gonzalez – Benito（2007）	信息技术投资、采购的运作绩效、供应链管理实践、采购的战略整合	信息技术投资正向影响采购运作绩效；信息技术使得企业可以实施特定的采购实践从而影响采购绩效；信息技术有助于更好地实现采购战略整合，采购的战略整合正向影响先进的采购实践，从而影响采购绩效
Gonzalez – Padron 等（2007）	采购创新、组织文化、学习导向、企业家创新、采购产出	在重伦理气候环境下，企业家创新正向影响外购参与者之间的关系质量
Gonzalez – Benito 等（2010）	环境、采购和供应战略、采购和供应实践	企业的环境特征有：友好的、敌意的、动态的和复杂的四种，采购和供应实践活动包括：供应商评价、供应商开发、供应商参与和后勤整合。研究表明企业的环境特征与采购部门的实践活动有重要关系

续表

作者	变量	研究的主要结论
Castaldi 等（2011）	战略采购、创新、关系视角	战略采购包括采购职能的质量和其内外部关系性能；提出战略采购与创新关系的四种模式，研究发现战略采购对企业创新的贡献是一种促进因素，但不是必需的
Thrulogachantar 和 Zailani（2011）	采购战略、生产绩效	有效的谈判战略、与供应商的合作关系和交互作用、有效的成本管理战略、供应基管理战略正向影响生产绩效
Jin Su，Vidyaranya B. Gargeya（2012）	战略采购、采购能力、企业绩效	基于美国的纺织服装工业的实证研究发现，战略采购导致对企业采购能力的强调从而正向作用于企业绩效

综上所述，我们发现，战略采购不但在成本缩减、质量提升方面，而且也在创新培育、风险缩减和不断提升柔性等方面为企业创造价值，既可以通过供应商的产品和服务，也可以通过并未直接合成在产品和服务中的很多供应商的不同能力，为制造企业提供竞争优势。

第二节　企业创新新型关系

网络资源能为企业带来持续的竞争优势，网络有利于组织专注核心业务、发展核心能力，有利于组织间知识的创造、传播和应用。由于企业的关键资源总是嵌入在所处的社会网络、企业间的资源与惯例中，因此网络是企业资源获取的重要外部途径。大量关于企业网络的研究发现，企业可以通过所在网络的不同网络关系特征与结构特征，影响企业的战略行为与战略执行，进而带来企业绩效的差异。

Uzzi 在研究社会结构和企业间的网络竞争关系时提出嵌入性的概念，认为企业社会关系的变更受行为个体间的关系，以及整个关系网络结构的影响。Granovetter 在研究网络与组织的结构、形式和活动之间的关系时，也认为企业的一切经济活动都嵌入在所处的社会关系网络中，这种网络关系和结构有利于企业获取外部资源和能力。Gulati 在研究网络资源和企业能力对联盟形成的影响时指出，企业间的网络联结主要是通过嵌入机制来对企业的经济行为和活动产生影响的。因此，网络嵌入性是研究网络结构与关系的重要分析工具。网络嵌入性描述了企业与网络中其他企业之间的关系以及这种关系的结构，包括关系性嵌入和结构性嵌入。关系性嵌入认为经济行动者是嵌入于所在的关系网络中并受其影响和决定的，它强调直接联结作为交换详尽信息的机制在起作用。结构性嵌入认为经济行为者们所构成的关系网络是嵌入于由其构成的社会结构之中，并受到来自社会结构的文化、价值因素的影响或决定，它强调网络的密度、企业在网络中的位置对企业的影响。

一、网络嵌入性对企业的影响机理

企业所拥有的资源存量和学习的流量可以提升自身的能力，而这种能力则是企业战略优势的重要来源。越来越多的研究发现，企业可以通过外部网络获取所需的战略性资源。双方互惠合作的目的在于从合作中获得所需的资源，然后通过有效整合利用外部资源来获取企业竞争优势。

社会网络主要通过关系性嵌入和结构性嵌入两种途径对企业的经济活动和行为产生影响：基于关系嵌入的网络，主要关注直接交换的二元经济关系，以交易质量为基础，强调以交易双方目标和需要为基础的信任和信息共享行为。基于结构嵌入的网络，主要关注企业所处的网络结构位置为企业所带来的机会和有价值的信息。下面将从竞争优势与企业绩效、信息获取与技术创新两个方面就网络嵌入性对企业的影响机理进行总结归纳，具体见表 3-3。

表 3-3　网络嵌入对企业的影响机理相关研究

研究问题	研究作者	主要结论
网络嵌入与竞争优势和绩效	Granovetter（1973，1985）	弱联结有助于竞争优势的获取
	Uzzi（1997）	联结的增强有助于企业绩效提升，但过分嵌入的关系则可能局限行动者的视野，从而带来其绩效的降低
	Dyer 和 Singh（1998）	企业可以通过网络关系嵌入创造关系性资产以及优化的网络结构获取竞争优势
	Coleman（1988）	高的网络密度有助于行动者间信任机制的形成和协作关系的维系，进而正向影响企业绩效
	Burt（1992）	结构空洞有利于企业获取位置优势从而赢得竞争优势
	McEvily 和 Zaheer（1999）	地理冗余度高、地理分散程度高的嵌入性联系可以帮助企业获取竞争能力
	Powell（1998）	网络中心性高的企业可以获取更多的资源、知识，从而产生更好的绩效
	Tsai（2001）	处于网络中心位置的企业可以带来好的绩效
	Zaheer 和 Bell（2005）	具备高级网络结构的企业可以带来高的企业绩效
	McEvily 和 Marcus（2005）	由信任、信息共享和共同解决问题等嵌入机制形成的嵌入性关系可以有效促进企业能力的提升
网络嵌入与信息获取和技术创新	Granovetter（1973，1985）	弱联结有利于获取有用信息
	Burt（1992）	结构洞有利于信息获取
	Uzzi（1997）	企业间的紧密联结通过信息共享、信任与共同解决问题等作用机制，有利于非独立知识与隐性知识的转化与传递
	Gulati（1998）	结构性嵌入和关系性嵌入都可以产生信息收益
	Dyer 和 Nobeoka（2000）	强联结可以促进网络中信息的转移与传递
	Van der Aa 和 Elfring（2002）	强联结有利于隐性知识传递，弱连接有利于显性知识传递
	Hagedoom 和 Duysters（2002）	网络嵌入可以促进企业知识获取

续表

研究问题	研究作者	主要结论
网络嵌入与信息获取和技术创新	Powell Koput 和 Smith－Doerr(1996)	网络嵌入性高的企业拥有更好的创新绩效
	Adams Day 和 Dougherty（1998）	对企业外部信息的获取、分析和使用对企业的新产品开发成功和新产品的创新水平具有显著影响
	Ahuja（2000）	企业间的直接联结和间接联结均对技术创新绩效有正向影响
	Rosenkopf 和 Nerkar（2001）	企业跨越组织边界和技术边界获取的知识可以促进企业的技术演进
	Hagedoom 和 Duysters（2002）	企业嵌入在网络中有利于新知识的获取，从而增强企业技术创新能力
	Laursen 和 Salter（2006）	外部资源的获取有利于企业创新的实现和维持
	吴晓波和韦影（2005）	较强的关系嵌入性为企业搭建了高质量的信息沟通渠道，推动了复杂知识的转移，并促进企业提高技术创新能力
	许冠南（2008）	企业在全球制造网络中的关系嵌入性与其技术创新绩效之间存在正向相关关系

综上所述，网络嵌入对企业绩效和竞争优势、信息获取和技术创新都有着重要的作用。但是，采用何种模式使企业能有效嵌入在网络之中，以及怎样的网络嵌入性最有利于信息、知识的转移和利用，还需要进一步的研究。

二、关系嵌入性

网络嵌入理论认为，无论我们从何种角度来研究经济现象，都必须考察经济行动者所处的社会关系网络以及个人或群体之间的互动。关系嵌入性是基于互惠预期而发生的双向关系，是网络参与者间相互联系的二元交易关系，它强调直接联结作为交换优质信息的机制所起的作用。关系嵌入可以通过嵌入联结帮助企业获取网络中的关键机会和资源，从而有利于企业竞争能力的提升。Kodithuwakku 和 Rosa 在研究中发现，有效地使用网络联系可以促进企业快速识别和评估网络中的新机会，进而促进企业的成长和绩效的提升。

（一）关系嵌入的内涵与测量

嵌入性是战略管理理论和企业网络理论的一个重要概念，是研究网络结构与关系的重要工具，而关系嵌入性是理解网络关系对经济行为影响的重要着手点。关系嵌入性强调企业的网络成员可以嵌入在其所处的社会关系网络中，通过成员间的相互联结和彼此的互动来获取信息收益，它主要强调企业间的二元交易关系在企业分享信息和知识方面的重要作用。Granovetter 的研究认为，关系嵌入性是基于交易双方的需求和目标的满足，以及企业间的信任和信息共享。Gulati 认为，关系嵌入性强调企业间的直接紧密联结是获取优质精确信息的关键。Chen 和 Wang（2001）的研究认为，关系嵌入是指企业间由于相互联结所形成的非正式的关系网络，这种网络关系有利于网络成员间交换和共享彼此的信息，以及就相关意见进行高效沟通。Moran 在研究关系嵌入与结构嵌入对管理绩效的影响时，认为关系嵌入性应包含以下三个方面的内容，即信任、优质信息共享与共同解决问题。Gulati 和 Sytch 将信任、联合行动以及信息交换的质量和广度作为关系嵌入性的三大要素。综合文献分析，表 3－4列举了关系嵌入所包含的具体内容。

从现有的文献研究中我们可以看出，关系嵌入的测量指标表现为以下两个方面：一是主要包含关系强度、持久度、互惠服务、承诺、信任等，这些指标主要反映关系嵌入的特征，因此可以称之为特征指标；二是主要包含信息共享、共同行动和共同解决问题，这些指标主要反映了关系嵌入对企业所产生的效应，因此我们称之为效应指标。本书的后续研究将主要采用特征指标和效应指标相结合的方法，选取信任、信息共享和共同解决问题这三个指标作为关系嵌入的测量指标进行相关研究。

表 3－4　关系嵌入的测量

相关研究者	测量指标							
	相处时间（持久度）	感情深厚（紧密度）	连接强度	互惠服务	承诺	信任	信息分享	共同解决问题
Uzzi（1996，1997）						*	*	*
McEvily 和 Marcus（2005）						*	*	*
Kaufman 等（2006）				*	*	*		
Gulati 和 Sytch（2007）						*	*	*
Singh（2008）				*	*	*		
Granovetter（1973，1985）	*	*		*		*		
Chang（2002）		*			*	*		
Dhanaraj 等（2004）			*			*		
Moran（2005）		*				*		

（二）供应商关系嵌入性

面对竞争日益激烈的全球市场，企业开始关注核心能力，从有效管理内部和外部价值增值活动中来获取竞争优势。未来市场的成功者将是那些将企业自身的内部优势与供应商相连接，从而产生一个更强大的价值链，由于其迅速、敏捷和更具创新性，因此比其他竞争价值链更有利可图。

供应链管理的一个重要方面是对供应商的管理，越来越多的研究发现，供应商的能力和绩效对制造企业的成功有至关重要的影响。卓越的供应商能力可以带来高的产品质量，企业生产合适的产品的能力依赖于供应商的能力，因此企业开始与供应商发展合作、互惠的关系，并将供应商作为企业的一个实体拓展。由于企业越来越关注核心能力及技术专长领域，这种对内部能力的强调使企业对外部供应商支持其直接的非核心需求的依赖增强，供应商既可以直接支持企业在生产和过程技术关键领域的创新能力，也可以通过与制造企业发展紧密的合作关系来支持创新。供应商通过早期的参与，可以将其最新的技术能力快速整合到制造企业自身的产品中，从而实现技术突破。同时，供应商是早期的产品设计建议、技术贡献的关键团队成员，可以帮助企业缩短产品开发周期，为新产品设计提供重要的建议。企业可以通过识别和管理供应商作为商业系统的拓展来寻求持续的绩效改进和价值生成。研究结果表明，供应商不但可以在成本缩减、质量提升、创新培育、风险缩减和不断提升柔性等方面为企业创造价值，也可以通过其产品和服务，甚至可以通过并未直接合成在产品和服务中的很多不同的能力为制造企业提供竞争优势。

对近年来采购与供应管理相关文献的研究发现，企业通过管理与供应商的关系，使企业的采购由文书活动转变为战略行为，从而也使企业与供应商的关系由短期交易型关系转变为长期伙伴关系。很多大型企业通过外购不断增强与供应商的合作，以获取跨越组织边界的外部资源，并且期望与外购供应商建立更多更为复杂的关系。网络理论认为，组织最重要的资源就是其所嵌入的社会关系网，且嵌入性越高，网络关系对组织的行为影响越大。由于供应商在向顾客传递价值的过程中扮演着重要角色，因此企业可以通过与能够提供具有战略价值的产品和服务的供应商建立良好的合作关系，帮助企业获取竞争优势，保持和提升所需的资源和能力。企业的运作需要特定的网络，而这些资源可以由供应商提供，而且企业的资源在很大程度上与供应商的特定关系相连接，与供应商的紧密关系提高了企业从环境中吸收新知识的能力。供应商的网络嵌入是一种重要的战略资源，通过这种网络关系制造企业可以获取供应商有价值的信息、知识、资源与技术。

社会网络理论认为，当企业能够与其他企业形成一种战略性依赖关系或者可以预料到伙伴的资源作用时，企业将以伙伴关系的形式参与到其他企业中。供应商嵌入理论认为，企业合作是承诺过的并且利益共享的，研究发现紧密的联结可以共担风险、共享利润，由于紧密关系增加了相互间的信任，进而可以减少机会主义行为，这将有利于企业间有价值的信息的共享、吸收和使用。紧密关系可以通过促进组织间深层次的沟通来帮企业获取更丰富详尽的信息资源。

在长期的交易关系中，企业可以通过与供应商的边界融合来整合供应商的核心能力，从而增强企业的持续竞争优势。实施战略采购，使企业与供应商间的长期伙伴关系嵌入在网络中，可以促进企业与供应商间专有资源的共享，进而促进双方绩效和能力的提升。Gottfredson、Puryear 和 Plillips 认为，竞争的本质是能力的竞争。卢蓉在其博士论文的研究中，将战略采购定义为企业为支持其战略目标的实现而需要的能力，它包含两个方面的功能：基于沟通机制的能力引进和基于流程重组的能力创造。随着竞争日益加剧，决定企业在竞争中的表现的不再是企业所拥有的能力，而是企业所能控制和创造的关键性能力。

战略采购着眼于企业长期的需求和利益，实施战略采购，企业通过与供应商的紧密合作而嵌入到了网络中，嵌入性暗含着实体间的关系联结，具有以下四个方面的特征：合作、凝聚、紧密关系和长期导向。由于单个企业很难把创新推向市场，因此越来越多的企业开始通过合作成功实现了新产品概念的商业化。企业间通过合作所形成的紧密联结嵌入在彼此交互的网络中，网络成员间通过组织学习和共同认知导向的行为相互作用。这些活动嵌入在供应网络中，有助于网络成员企业间形成共同的认知和意识。

企业技术能力的提升需要收集广泛的外部知识源，企业与供应商之间基于长期伙伴关系的高度信任，可以减少供应商的机会主义行为，有利于企业间的知识转移与共享。研究发现，企业与供应商的关系是影响创新绩效和生产率的最重要的网络安排之一，实施战略采购，使企业与供应商间的长期伙伴关系嵌入在网络中，这种较强的嵌入连带关系有助于企业间进行持久的、专注的和相对密集的互动，进而促进企业间及时分享关键、敏感信息，这些都是企业创新想法产生的重要来源。制造企业可以通过维持与供应商的长期关系获取供应商的专业知识，通过与供应商进行高质量的沟通，帮助供应商解决创新过程中可能遇到的难题，使其为制造企业的新开发产品或新技术目标共同努力，从而获取企业技术能力的提升。

第三节　企业技术能力相关研究

一、企业技术能力的内涵

Prahalad 和 Hamel 在阐述企业的核心能力时认为，企业获取技术优势，实现自主持续发展的关键，是拥有可以有效使用和支配技术知识的能力，即所谓的企业技术能力。因此，从战略角度管理一家企业的本质便是注重对其技术能力的培养和储备。总结目前国内外关于企业技术能力内涵的研究发现，其主要集中于以下三个方面的分析：基于职能角度、知识观层面和技术能力提升过程，具体见表 3－5。

表 3－5　企业技术能力内涵相关研究

角度	内容	作者
职能	培养企业难以模仿的组织能力，将技术能力分为战略技术能力、战术技术能力、辅助技术能力	Pand 和 Ramanathan（1995）
	投资能力、运营能力和动态学习能力	Kumar（1999）
	日常的生活能力和创新的技术能力	Figueiredo（2002）
	运营能力、改进能力和创新能力	Costa（2002）
	运营能力、改进能力和生产能力	Casanueva（2001）
	生产能力和创新能力的结合	Martijn 和 Jonker（2006）
	生产能力、技术改进能力和创造能力	洪勇和苏敬勤（2009）

续表

角度	内容	作者
知识观	技术诀窍的存量	Katz（1984）
	采用、修改技术知识的能力	Steward（1985）
	使用技术知识以创造新技术、开发新产品和新工艺	Kim（1997，1998）
	知识的积累、储备、维持和激活	Garud 和 Nayyar（1994）
	为支持技术创新附着在内部人员、设备、信息和组织中所有内生化知识存量的总和	魏江（1997）
	为实现创新蕴含在企业人力资源、组织架构、生产设备等无形和有形资产上的所有知识的综合。	沈海华和陈劲（2006）
能力提升过程	技术搜索、技术学习和技术创新	Dore（1982）
	获取技术、操作运作、复制扩展、技术创新	Desai（1984）
	技术监测、技术引进、技术吸收、技术创新	潘惠（1999）

综上发现，基于职能、知识观、能力提升过程三方面的相关研究，都表明了企业技术能力的知识本质。因此，我们可以认为企业技术能力的提升实际上既是一个知识的学习和积累的过程，也是一个知识的应用和创造的过程，其目的是实现企业创新。

二、企业技术能力的提升机理研究

早在 20 世纪 70 年代中期，有学者已经指出企业战略管理的本质是其技术能力的发展。人们越来越乐于将技术能力思想融入竞争与战略模型中，使能力成长成为一个战略决策问题。在当今社会，企业很难孤立地培育起适应自身发展和竞争需要的技术能力，企业技术能力的建立和提升过程包含着多主体的合作。

研究发现，企业外部网络关系在促进企业技术能力提升方面具有重要作用。技术合作网络主要包括以下两个方面的合作关系：①纵向技术合作关系，主要是指供应链上下游企业或组织之间的合作关系，Oyeyinka 等认为在技术能力获取过程中，不同形式的交互作用于技术生产者、供应商、客户是非常重要的。②横向技术合作关系，是指企业为促进技术能力提升而与非供应链上的本土其他企业、高校或科研机构甚至国外先进企业等外部组织之间建立的合作关系。Kim 研究发现，企业与大学、科研院所及其他企业之间通过联合研究等形式的合作，可以促使企业技术能力显著提高。Gammeltoft 认为，企业技术能力的提升可以通过以下 5 种途径来实现：企业内部、公共领域、其他企业、外部体制设施和国际来源。制造企业可以从与供应商的技术交流和合作中获取所需的技术知识，Von Hippel 的研究发现，在某些产业中，企业的大多数创新想法都来源于供应商，制造企业与供应商间良好的知识转移机制可以带来跨组织的外部创新、持久的竞争优势和核心能力的提升。

制造企业与供应商间良好的合作关系，有利于企业获取供应商的诸如开发产品的核心技术能力、支持技术以及以往产品开发的成功经验和教训。制造企业通过整合供应商的资源，可以识别、选择和汲取有价值的、与企业内部资源相适应的技术知识等外部稀缺资源，将其纳入企业自身的技术资源体系中；通过对不同层次、内容和结构的技术知识资源的激活、融合，经过技术知识的社会化、外在化、综合化和内在化，实现技术知识的螺旋式上升和加速发展。

Lall 认为，企业技术能力的提升有内部努力和外部获取两种途径，并进一步强调企业间以及企业与技术服务机构之间的外部交互作用在企业技术能力提升方面的促进作用。Kim 在分析韩国企业技术能力成长机制时，提出了四个影响企业技术能力的关键因素：企业的技术吸收能力、企业的技术需要、企业的技术供给以及企业技术学习的动力。Herderson 和 Clark 从构架知识的概念出发，认为技术能力是企业整合和利用组织内外部知识的能力。也有研究认为企业技术能力的提高需要将技术、学习与网络三方面相结合，企业可以通过网络内成员间的互动学习与交流来获取技术能力的提升。

魏江等构建了基于协同技术学习（包含知识积累和知识应用两个子过程）的组织技术能力提升框架。洪勇和苏敬勤提出一个基于产业环境驱动、技术合作网络、外部技术转移、内部技术努力四个维度的发展中国家企业技术能力提升因素模型，并以中国技术密集型制造企业为样本进行实证研究，进而为提升中国企业技术能力提供建议。汤长安在研究高新技术集群企业技术能力成长时，发现集群企业可以依托高新技术集群本地技术网络和全球技术网络嵌套而形成的技术扩散网络，通过技术获取、技术吸收和技术开发的技术学习过程，促进企业技术能力成长。

在当今社会，企业很难孤立地培育起适应自身发展和竞争需要的技术能力，必须采取外部途径以获取外部技术资源的支持，同时企业内外部努力的有效协调会更好地提升技术能力，所以很多学者结合组织内外部行为研究企业技术能力的建立和提升机制。

基于上述文献分析发现，企业技术能力的成长机理主要有三种：

（1）技术能力成长内生论，其主要表现为企业由原始创新到自主创新能力的提高。Rubenstein 认为，内部技术开发对技术能力成长具有重要影响。Meyer 认为，技术能力的提升源于组织和个人知识和经验的积累。魏江（1999）认为，企业技术能力的提升是整合各技术要素和技能从而创造出具有企业自身特性的、稀缺的和不可模仿的技术资源的过程。王毅（2002）认为，企业技术能力的提升是整合各种技术单元的知识与技能的过程。

（2）技术能力成长外生论。由于发展中国家企业技术能力基础较为薄弱，因此企业技术能力的提升关键在于对外部技术知识的获取、吸收、转化与利用。技术获取包括对新技术的识别、寻找、评估和挑选四个阶段。技术获取可以通过内部获取和外部获取两种方式进行。发展中国家企业通过技术学习和知识积累，可以获取新的能力，特别是对于只有有限研发能力的企业来说，来自发达国家的技术转移是一种获得先进技术的主要路径。通过代工（OEM）、贴牌（ODM）等机制，后发企业能够通过技术学习，不断发展或提升自身的产品开发能力（Hobday，1995）。魏江（2000）认为，企业可以通过学习和知识的积累，实现技术能力的有序提高。

（3）技术能力成长内外混合论。Tripsas 以动态能力发展的观点将企业的技术能力分为外部整合能力和内部整合能力。企业通过识别外部获取的知识，将其吸收到企业内部，通过技术知识的转化（增加、删除或修改现有知识，或是从新的角度诠释现有知识），将新获取的消化了的知识与现有知识进行融合，转化为企业自身的知识，最后将其应用到企业的商业目的。

由于技术能力具体依托在能给企业带来绩效的不同功能性技术活动之上，因此企业技术能力的提升，应该是内外部诸多因素协同作用的结果，同时技术能力成长是一个长期的累积性的过程。

三、战略采购与企业技术能力

制造企业供应边界复杂性的增加，导致企业采购活动发生重大变化，为了使企业的采购活动与不断变化的竞争环境及企业的长期发展战略目标相适应，企业的采购行为开始由战术型向战略型转变，战略采购应运而生。采购职能战略角色的转变导致了以下研究的出现：采购在新产品开发中的内部角色、在供应商—购买商关系中采购的边界角色以及采购对创新的影响。

Macbeth 首先提出了识别创新型供应商来参与新产品开发是采购的一项新任务，这可以通过采购与供应商间更具战略性的关系来获得。Griffith 和 Myers 认为，制造企业可以通过与关键供应商建立紧密的合作关系，进而有效地开展工作；实施战略采购，与供应商的紧密关系为企业提供了最重要的创新来源。Carter 和 Narasimhan 认为，战略采购可以通过以下两个方面来帮助制造企业在产品开发和流程改进中利用供应商来构建持续竞争优势：让供应商早期参与制造企业的新产品开发，对供应商提供技术、资金、人力等方面的帮助。Narasimhan 和 Das 认为战略采购是一种不需要资本投资就能够获取制造能力的途径。Liker 和 Choi 认为采购是企业获取供应商能力和信息的主要来源，所有的企业都可以从由供应商组成的知识网络中受益。

卢蓉研究发现制造企业可以通过战略采购这一桥梁，实现供应商和企业内其他职能部门之间专业知识的双向流动。很多学者研究发现，通过实施有效的战略采购，制造企业可以借助与供应商的长期伙伴关系，充分利用企业关键外部供应商的资源和专业技术，高效地收集和传播供应市场信息，从而实现企业技术能力的有效提升。

Ragatz 等认为战略采购通过早期的供应商参与，可以将供应商最新的技术能力快速整合到制造企业自身的产品中，从而实现技术的突破；Gadde 和 Hakansson 认为战略采购在核心企业中通过不断发现和整合供应商的知识和技能的新方式上扮演着重要角色；Schiele 研究认为采购通过与供应商的紧密联结和双向式互动，可以带动更广泛的采购人员参与到供应商企业中来，而这些又可以带来创新的可能性。Castaldi 等提出了战略采购与创新关系的四种模式，研究发现战略采购对企业创新的贡献是一种促进因素，但不是必需的。

总结上述文献，我们可以发现目前国内外关于战略采购的研究已经达到一定的水平，积累了丰富的理论和实践经验。越来越多的研究证实了供应商在企业新产品开发或技术创新中的关键作用，供应商作为制造企业的一个延伸，所具备的先进产品和工艺技术以及企业创新所需要的能力，对制造企业技术能力的提升起到至关重要的作用。研究发现，制造企业可以通过与供应商间的紧密联结，促进资源的有效利用和新知识产生，为企业技术能力的提升提供重要的知识源，或者制造企业可以直接与供应商进行合作创新，从而实现企业技术能力的突破发展。然而，对于我国制造企业而言，亟待解决的问题是如何充分利用企业供应商网络中包含的各种知识源来增强企业自身的技术能力。企业技术能力是企业保持持续竞争优势的一个关键来源，采购职能的战略角色也受到重视。虽然相关研究都表明，战略采购对企业技术能力有重要影响，但是，当前此类研究还主要集中于战略采购与企业技术能力的相关性上，而关于战略采购究竟是通过何种机制来影响制造企业技术能力的研究仍比较少，战略采购影响机制的“黑箱”有待进一步打开。

综上所述，有关战略采购与企业技术能力的研究已经向更广、更深方向发展，管理研究者和实践者应从不同的学科、社会理论和方法及管理实践上进行事实上的相互交流，从而达到相互理解。

※ 核心提示

目前，我国学术界关于战略采购对制造企业技术能力影响的研究还处于理论探索阶段，在战略采购与技术创新领域公开发表的学术成果较少，尽管已经开展了一些相关领域的研究，如供应商选择与评价、供应商开发、供应商早期参与以及制造商—供应商长期伙伴关系等对企业新产品开发和绩效的影响，但大多数研究都没有从战略采购的角度切入，对战略采购内涵的研究也仅是简单的介绍，对其结构及测度的研究还没有深入展开。

在实践领域，战略采购已经成为国际领先企业获取持续竞争优势的重要手段。然而在我国，大多数企业对战略采购的认识和实践由于缺乏理论指导都还处于自发状态，只有少数企业的战略采购是自觉行为。尽管相关研究已表明战略采购对企业的竞争优势具有重要影响，企业也越来越意识到采购在产品开发和技术能力增长方面有着举足轻重的作用，但是目前关于战略采购与企业能力的具体研究还缺乏相应的理论支撑。同时，关于战略采购究竟通过何种机制来影响企业能力与绩效的研究仍比较少，因此，研究战略采购与企业技术能力的关系具有重要的理论与现实意义。

第四章

CHAPTER FOUR

创新新思维：战略采购的结构要素构成

一个国家的经济社会发展，离不开良好健康的政商关系。2016 年 3 月 4 日下午，中共中央总书记、国家主席、中央军委主席习近平看望出席全国政协十二届四次会议民建、工商联界委员并参加联组讨论，就构建新型政商关系作了阐述，指出新型政商关系，概括起来说就是“亲”“清”两个字。

对领导干部而言，所谓“亲”，就是要坦荡真诚同民营企业接触交往。所谓“清”，就是同民营企业家的关系要清白、纯洁，不能有贪心私心，不能以权谋私，不能搞权钱交易。对民营企业家而言，所谓“亲”，就是积极主动同各级党委和政府及部门多沟通多交流，讲真话，说实情，建诤言，满腔热情支持地方发展。所谓“清”，就是要洁身自好、走正道，做到遵纪守法办企业、光明正大搞经营。

政商关系要“亲”更要“清”，是在经济新常态下构建政商关系“新生态”的必要之举和衡量标准。总书记明确指出新型政商关系的努力方向，旨在为当下经济新常态营造一个风清气正的好环境。

十九大报告提出要“激发和保护企业家精神，鼓励更多社会主体投身创新创业。建设知识型、技能型、创新型劳动者大军，弘扬劳模精神和工匠精神，营造劳动光荣的社会风尚和精益求精的敬业风气。”

本章关键词：政商关系；采购战略；供应商合作关系

虽然我们对战略采购的概念有了一定的认识，但是管理者在如何实施方面仍面临挑战。因此，本章通过识别战略采购的结构要素来加深对战略采购的理解，为企业有效实施战略采购提供依据。

第一节 战略采购结构要素文献归纳

文献资料分析法是指以系统而客观的界定、评鉴并综括证明的方法，确定过去事件的确定性和结论。主要目的在于了解过去、洞察现在、预测将来。文献资料主要来源有：图书、期刊论文、学位论文、会议论文、专利、科技报告、科技档案等。文献资料分析的一般步骤为：确定问题—拟定假设—前置准备—搜集资料—分析资料—归纳资料。首先，通过研究问题确定研究范围，在研究范围内，广泛阅读及摘录相关的文献；其次，对所摘录的文献进行分类整理，将不完整或者不严谨的研究进行删除；最后，对所收集的资料进行归纳整理及分析解释，为后续的研究工作做好充分的准备。

本书通过收集目前国内外关于企业战略采购和战略供应管理内涵及要素的相关学术研究成果，经过文献分析，解释归纳出战略采购的结构要素。目前关于战略采购内涵的研究主要有：战略采购是一个依据总成本概念帮助企业增加价值和提升竞争地位的采购框架。战略采购是在过程设计、工程设计和生产中通过与供应商建立合作关系来利用供应商的能力以达到战略目标的过程，主要强调与供应商的合作关系。Kraljic 强调采购与其他职能部门的整合以及与供应商保持长期关系。Carr 和 Smeltzer 在对战略进行操作化定义时指出，采购的地位、采购的资源知识和技术以及采购承担风险的意愿正向影响战略采购的水平。Das（1998）认为，战略采购包括供应商—购买商关系发展、供应商能力审计、整合企业的采购。Narasimhan 和 Das 定义战略采购是供应商参与产品和过程设计以及供应商对制造企业需求的响应。战略采购是帮助管理者依据竞争优势、需求柔性、过程能力、系统风险等因素制定购买决策的过程。战略采购是一个系统、全面地获取输入和管理供应商关系以实现组织长期目标的过程。Kocabasoglu 和 Suresh 识别了战略采购的三个关键因素：采购在企业中的地位、与企业内部门间的信息共享、与关键供应商进行信息共享。通过实证研究美国的制造企业，发现战略采购包含以下四个方面的主要内容：采购的战略角色、采购部门与其他职能部门间有效的内部协调、与供应商有效的信息共享、供应商开发和供应基管理。

通过对文献资料进行归纳总结，目前国外关于战略采购结构因素的研究主要表现在以下四个方面：①采购在企业中的地位；②与其他部门的内部协调；③与供应商建立有效的关系；④供应商早期参与计划和设计过程。具体分析见表 4－1。

表 4－1 战略采购结构要素文献分析

结构要素	分析过程	作者
采购部门的地位	1. 高层管理人员对采购职能的战略角色的强调； 2. 采购在企业中的地位； 3. 采购相对于其他职能部门在企业中的重要性； 4. 参与合作水平的战略计划	Narasimhan 和 Das（1999） Carr 和 Smeltzer（1997，2000） Ellram 和 Carr（2000） Quelin 和 Duhamel（2003） Pagell（2004） Canan 和 Nallan（2006） Chan 等（2007）

续表

结构要素	分析过程	作者
内部协调	1. 与其他部门的频繁沟通； 2. 强调采购作为跨职能团队中的一员； 3. 在并行工程努力中的能见度； 4. 采购经理的跨职能培训	Reck 和 Long（1988） Anderson 和 Katz（1998） Narasimhan 和 Das（1999a，1999b） Canan 和 Nallan（2006）
与供应商建立有效的关系	1. 建立相互间的信任； 2. 高层管理者对关系发展的承诺； 3. 对特殊机器和培训的共同投资； 4. 对供应商进行财务帮助； 5. 对供应商进行技术帮助； 6. 培训供应商； 7. 奖励供应商绩效； 8. 关注供应商利润	Pint 和 Baldwin（1997） Anderson 和 Katz（1998） Krause（1999） Sislian 和 Satir（2000） Das 和 Narasimhan（2000） Shin 等（2000） Carr 和 Pearson（2002）
供应商早期参与计划和设计	1. 与供应商共同解决问题； 2. 供应商参与企业的持续改进项目； 3. 产品信息共享； 4. 成本信息共享； 5. 生产同步信息共享	Linker 等（1996） Pint 和 Baldwin（1997） Narasimhan 和 Das（1999） De Toni 和 Nassimbeni（1999） McGinnis 和 Vallopra（1999a，1999b） Canan 和 Nallan（2006）

一、采购部门的地位

当企业决定实施战略采购时，首先需要了解采购在企业中的地位，当把采购作为企业战略进行评估时，它可以为供应商提供强有力的输入，从而来决定对哪一个供应商提供帮助和信息共享。参与计划是战略采购的一个重要职能，采购部门参与计划主要表现在三种水平上：首先，在最低水平上，采购部门通过发起一个采购战略启动内部计划。其次，采购部门作为一个支持性的角色以获取其他职能部门或者组织的目标。最后，采购和供应管理活动必须与组织战略相一致。最后这个水平的采购参与是作为一种有战略价值职能而应用的。采购和供应管理需要参与到组织的战略计划过程和组织水平的计划中。以前的研究认为这里面有两个因素指出了采购职能参与计划的水平：一个因素是高层管理对供应管理者参与计划的认知，另一个因素是采购输入对战略计划贡献的水平。

二、内部协调

企业实施战略采购，需要跨职能的沟通。内部协调可以通过强有力的部门间整合以及跨功能团队的增加来进行管理。Cavinato 认为，当采用积极的采购方法时，采购与企业中其他职能部门的整合是频繁的。当采购在支持组织战略过程中扮演积极的角色时，跨职能的沟通便增加了。同样，很多研究关注于跨职能沟通和支持采购战略生成的重要性方面。通过战略采购，采购和其他职能部门之间建立沟通渠道，采购高管通过跨职能的培训可以更好地理解其他职能部门的需要。

三、与供应商建立有效的关系

战略采购需要企业与供应商建立有效的关系，以帮助企业满足自身采购和供应需求。过去几十年，由于资源消耗、不断增强的竞争以及技术变化的加速，带来了市场不确定性的增加。交易成本理论预言，当企业所面临的不确定性增加时，企业倾向于通过垂直整合来减少交易成本。在那些能力剩余、技术快速变化和需求不稳定的行业中，高水平的垂直整合是有风险的，因为整合限制了企业对产业变化快速响应的能力，因此发展长期关系就成为垂直整合的替代方式，应对不确定性并进行响应。长期关系的主要挑战是除非供应商与制造企业相互信任，否则企业将会陷入机会主义行为风险中，而这些风险可以通过信息共享和供应商开发战略来减少。由于供应商能力是企业成功的关键，因此企业可以通过从事相关的供应商开发活动，来提升供应商绩效或供应商能力，以满足制造企业短期或长期的供应需求。

四、供应商早期参与计划和设计

采购决策的制定需要与关键供应商进行信息共享。当伙伴间同意经常共享信息时，机会主义行为将会减少，沟通和信息交换成为维持长期关系的关键。Dwyer、Shurr 和 Oh 认为，当企业进行关系专用资产投资和伙伴关系共享技术诀窍时，机会主义行为将减少。通过供应商早期参与，企业可以与供应商之间相互交换、利用互补的知识和能力，同时供应商早期参与企业新产品的设计可以为产品开发带来新的视角和新的想法，从而增加新产品开发的成功率。例如，日本制造企业由于在新产品开发阶段（计划、设计、制造）广泛地使用供应商的专业技术，从而提高了新产品开发的（质量、成本、时间、柔性）效率。

综合上述文献，我们发现，战略采购是一个过程，在这一过程中很多采购活动被合理化，用以支持以最终顾客为关注焦点的供应链整体观。同时，作为一个管理框架，战略采购可以帮助组织去选择和管理它们的供应商。以往关于战略采购内涵及其结构要素的研究缺陷，主要表现在：一是每一研究主要关注不同的方向，没有从系统观、整体观的角度来进行阐述；二是目前很少有实证研究，而那些针对国外企业的研究成果是否适合我国国情还有待进一步讨论。由于目前学术界关于战略采购定义的研究过于分散，所以关于战略采购结构要素的研究也存在不同的认识，而这对于企业判断战略采购如何实施至关重要。这些研究之所以存在局限性，主要是因为对战略采购的概念没有一个清晰的阐述。因此，文献有必要对战略采购的内涵及其结构要素进行探索性研究，建立一个系统、全面的思考框架，为制造企业有效实施和评价战略采购实践提供有力的支撑，同时也为后续研究战略采购与企业技术能力之间的关系，细化战略采购内部因素，提供坚实的理论基础。本章首先通过对文献分析和访谈结果加以整理归类，形成研究所需的正式问卷，然后采用探索性和验证性因子分析方法，对问卷进行数据处理和分析，得出我国制造情境下的战略采购概念框架。

第二节　战略采购结构要素研究

一、研究设计

（一）访谈背景

研究通过归纳分析以往国内外有关战略采购概念及其维度的研究文献，获取了战略采购的关键因素。这些关键因素的获取其中有很大的一部分是源自西方国家的研究人员已经证实的研究结果。但是由于不同国家的政策、文化和产业环境的不同，如果一开始便套用国外的相关研究理论，就很有可能陷入研究的误区。因此，从国外文献研究中所获取的战略采购的关键因素，是否适合我国制造企业战略采购的实际，是本书所关注的主要问题。因此，有必要对战略采购的结构要素进行探索性研究。

（二）方法设计

研究中使用深度访谈法，采取半结构式的研究设计，对所选取的陕西及其周边省内具有代表性的几家大型制造企业的相关人员开展调研。半结构式的研究设计分为三个部分，分别是未提示选项、提示选项和开放式问答。这种访谈方式是在运用访谈提纲的基础上进行的，事先已经列出了需要访谈的问题或者交谈的话题。首先，进行未提示访谈，以免受访者先入为主，影响访谈结果，这样可以使受访者对研究中涉及的战略采购概念及其结构要素给出自己的认识；其次，通过对研究文献进行归纳分析，获取合适的提示性选项给予受访者作为参考，受访者可以依据所列选项给出自己的意见，以此来验证研究中选取的战略采购的关键因素的合理有效性；最后，通过开放式问答，为受访者提供更好发挥的空间，同时收集受访者即兴发挥所提供的独特观点。

（三）访谈对象

本研究的探索性访谈，主要选取了陕汽集团、陕西法士特齿轮有限公司以及中钢集团西安重机有限公司等典型的制造企业中从事采购、研发等相关工作的高层管理人员以及项目经理等作为访谈对象。调研企业的选择主要基于以下两点：首先，所调研的企业必须具备一定的采购规模且采购相对集中，同时具备相对规范的采购管理流程；其次，所选取的企业均应在一定程度上实施了战略采购或者正在筹备。为了确保受访人员对公司情况有准确的把握和对战略采购概念有准确的理解，所有受访人员均要求年龄在 30 ~ 50 岁之间，工作年限至少 5 年，大学本科以上教育水平。

二、战略采购结构要素的实证分析

在对战略采购的结构要素进行分析前，为了确认研究题项是否适合进行因素分析，我们需要首先对研究数据进行 KMO 值（取样适当性数值）检验，检验结果如表 4 - 2 所示。通过结构要素问卷数据的 KMO 值及 Bartlett’检验得出的问卷数据的 KMO 值为 0. 769，表明所收集的数据存在共同因素，适合进行因素分析。

表 4 - 2　结构要素问卷 KMO 值及 Bartlett’s 球形检验

KMO 值	Bartlett’s 球形检验		
	卡方值	df	Sig.
0. 769	1166. 444	91	0. 000

以主成分因素抽取法抽取共同因素，共抽取4个共同因素，如表4－3所示，累计解释变异量为58.310%，这说明，研究问卷的构思效度和结构效度都是很高的。因此，可以认为研究中所获取的4个共同因素是战略采购构成的主因素，通过对初始因素的负荷矩阵进行正交旋转，运用最大方差法所得到的正交因素负荷矩阵以及各题项的共同度如表4－4所示。

表4－3　结构要素问卷整体解释的变异数

因素	初始特征根			被提取的载荷平方和			旋转平方和		
	合计	方差百分比	累积百分比	合计	方差百分比	累积百分比	合计	方差百分比	累积百分比
1	3.997	28.546	28.546	3.997	28.546	28.546	2.393	17.090	17.090
2	1.865	13.321	41.868	1.865	13.321	41.868	2.028	14.487	31.578
3	1.251	8.934	50.802	3.997	8.934	50.802	1.905	13.606	45.184
4	1.051	7.508	58.310	1.051	7.508	58.310	1.838	13.126	58.310

注：提取方法：主成分分析法。

为了便于研究战略采购的概念及其各结构要素所包含的具体内容，需要对表4－3中所提取的4个因子进行重新命名，具体表述如下：

因素1：表4－3中主因素1包括题项的含义是高层管理者对采购部门战略角色的强调、采购经理在企业中的地位、采购部门与其他部门在企业中的同等重要的地位、采购参与企业的战略计划。这些题项主要反映制造企业对采购的战略评估，故命名为“采购的战略地位”。

因素2：表4－3中主因素2包括题项的含义是建立企业与供应商间的相互信任、高层管理人员对发展长期关系的承诺、对供应商进行帮助。这些题项主要是对制造企业与其关键供应商间的战略伙伴关系的表述，故将其命名为“长期关系”。

因素3：表4－3中主因素3包括题项的含义是采购部门与其他部门的频繁沟通、采购参与并行工程、采购人员参与研发与设计团队、采购管理者接受跨职能培训。这些题项主要反映采购部门与其他职能部门的内部协调，故命名为“内部整合”。

因素4：表4－3中主因素4包括题项的含义是与供应商共同解决问题、让供应商参与企业的长期改进项目中、与供应商共享产品信息。这些题项主要反映供应商参与企业产品设计，故命名为“供应商参与”。

表4－4 结构要素问卷数据旋转矩阵

	要素			
	1	2	3	4
SP11	0.765			
SP12	0.742	0.109		0.193
SP13	0.634		0.129	0.156
SP14	0.591	0.281	0.249	
SP21	0.185	0.763	－0.184	0.113
SP22	0.426	0.657	0.176	
SP23	0.172	0.575	0.176	0.145
SP31	0.107		0.681	0.290
SP32	0.254	－0.110	0.675	－0.176
SP33	0.386	0.344	0.622	0.230
SP34		0.425	0.596	0.288
SP41	0.156			0.771
SP42		0.428	0.116	0.672
SP43		0.295	0.218	0.660

注：①提取方法：主成分分析法；②旋转方法：最大方差正交旋转法；③旋转在7次迭代后收敛。

三、研究结果分析

战略采购是一种跨组织边界的关键的购买活动，作为一个提供采购、提高企业水平绩效的有效的主动性活动，它包括四个方面，其中两个反映的是企业的内部变化，另外两个是重新定义与关键供应商的关系。对内，战略评估采购职能以及整合采购与其他职能部门，都有利于企业成功地实施战略采购。对外，与关键供应商强有力、长期的相互作用以及供应商早期参与，将会给供应商在技术、人力资源方面带来帮助。同时，企业可以通过与供应商就企业目标进行有效的信息共享，从而获得满意的绩效。

基于上述文献分析及实证检验，本研究认为：战略采购是一种系统性的活动，涉及企业的设计、采购、生产、质量和销售等很多部门，对内关注于企业战略发展和与其他职能部门间的内部整合，对外保持与关键供应商的长期关系并让供应商参与企业发展，从而获得满意的供应商和企业绩效。基于上述文献分析和实证研究，本书认为战略采购主要包含以下四个结构要素，见图4－1所示。

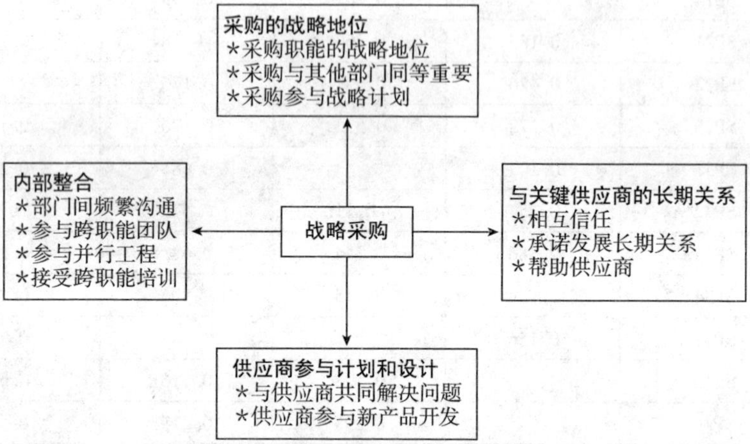

图4－1　战略采购结构要素框架

（一）采购的战略地位

采购的责任一般分为三个部分：交易的、运作的和战略的任务。在交易水平上，采购通过确保供应企业及时响应和高质量的交货为制造企业提供采购需求。交易活动主要与采购订单周期有关，包括订单生成、订单分配、等待、跟踪、货物接收和清单处理。在运作水平上，采购包括选择卖方，决定买什么质量的原材料以及运送方式，与卖方沟通以及监督卖方的一致性。采购的运作任务包括开发支持系统，以确保采购过程的合理化。现在采购的战略角色越来越受到关注，采购职能只有放在战略水平上讨论以及参与到企业水平的计划时才能对企业绩效产生影响。与组织目标相关联将会培育采购在合作价值增长方面的作用。通过先期参与企业的战略过程，采购可以利用其在企业中独特的和重要的地位服务于企业。通过获取供应商信息，供应商的产业地位、经济形势、市场形势和国际化趋势来为企业的战略计划过程和运作提供关键的输入。

（二）内部整合

采购组成了一个跨功能协调过程的关键部分。采购与其他职能部门之间的依赖关系越来越强，采购越来越多地参与到以前被认为是其他职能部门责任的活动中，如产品设计和开发。也就是说，关于选择卖方传统的购买决策，已经扩大到其他部门而不光是采购部门，特别是当考虑到长期关系和外购时，这种整合的增强、更多高层管理者的参与以及强大的跨功能团队加速了内部整合。不同职能部门之间的整合导致价格的降低和成本的节约、库存的减少、办事员工作量的减少以及更好的交货和服务。

（三）与关键供应商的长期关系

交易成本理论认为，环境的不确定性及组织间交易频率的增加，使企业倾向于通过垂直整合以获取较低的交易成本。高水平的垂直整合是有风险的，因此与关键供应商发展长期的关系，可以作为一种垂直整合来应对当前所面临的不确定性及交易专用资产。快速的技术变化降低了产品及技术的有用性，实施精益生产技术、计算能力及沟通系统的发展，增加了合作关系的重要性。反之，一些企业开始利用长期关系来处理所面对的不确定性环境带来的挑战、提升顾客服务、生成市场优势以及确保利润的稳定和增长。长期关系所面临的挑战是企业将面临机会主义行为，除非制造商和供应商相互适应。长期关系加速了新产品开发过程，使其快速进入市场，实现资源投资的最小化，从而减少特殊成本、缩短响应时间。供应商的生产和交货计划可以被激发出来，并与制造企业相匹配。当企业愿意通过投资特殊的资本资产、共享诀窍知识、有效地控制机制去发展组织间的异质性关系时，这种风险将降低。长期关系代表了制造商对供应商的投资，它可以缩减交易成本，生成更具合作性的关系。经常地、持续地共享成本和技术信息，以及供应商和制造商之间广泛的面对面沟通，都可以增强关系的持续性。通过发展良好的长期关系，供应商成为妥善管理的供应链的一部分，并且对整个供应链的竞争性产生持续的影响。

（四）供应商参与计划和设计

供应商早期参与产品设计是成功的产品设计和开发成就的一个关键，并且可以加快开发进程，从而使新产品更快地进入市场。采购的角色在供应商整合中是很重要的，因为它可以审视环境，选择合适的供应商以及搜集供应商的信息，从而使制造企业在整合计划和设计过程中更具潜力。供应基缩减可以正向影响供应商—制造商产品设计关系，企业通过减少供应商的数量以满足一些选择标准，如文化和技术的兼容性。企业必须与所选择的供应商就设计过程和企业的期望等进行明确的沟通，进而让其参与产品设计。供应商参与计划和设计对产品和过程的发展以及绩效的提升具有很大的影响，通过跨组织的产品开发团队，企业可以用最低的成本和最高的质量及时满足顾客需求。供应商参与度越强，对企业所拥有的过程、技术和能力就越熟悉，也越容易使用这些资源。同样的，供应商越是能够积极地参与产品开发过程，就越能够提供及时、可靠的产品及过程技术方面的前沿信息。企业与供应商间有利的合作可以促使企业整合供应商的知识，从而增加产品设计相关的柔性。

※ 核心提示

以前关于战略采购的研究，要么将关注焦点主要放在与外部供应商间的动态关系上，要么只强调采购职能的组织和结构本身，而本书扩展了以往的研究范围。为了成功地实施战略采购，企业不但要增强在战略决策制定过程中的持续输入，而且也要管理好与关键供应商间的关系。企业实施战略采购，需要按照材料类型以及为了保持企业运作的连续性的重要程度来实施供应基缩减，并且通过技术、财力以及人力资源的帮助，加强与保留下来的供应商之间紧密、长期的关系。企业要接受采购作为企业内部的一个主要且关键职能，需要从采购对企业提供战略导向输入的水平、与企业其他职能部门进行内部协调的水平、与关键供应商保持紧密关系的水平及让供应商早期参与设计的水平等方面对采购进行评价。

由上述分析可见，战略采购是一个多维度概念，它的实施水平可以通过每一个因素的参与水平来测量，当战略采购的所有维度同时实施时，将会获得实施的最大满意度。由于战略采购的不同要素间有很强的交互依赖性，因此，管理者不能只关注某个单一因素，应当考虑如何使所有因素共同地、更深入地参与到组织中来。

第五章

CHAPTER FIVE

创新假定模型：基于供应网络的企业技术能力提升模型

党的十八届五中全会明确了“创新、协调、绿色、开放、共享”新发展理念。其中，“创新”一词排在第一位。《中华人民共和国国民经济和社会发展第十三个五年规划纲要》提出“强化企业创新主体地位和主导作用，形成一批有国际竞争力的创新型领军企业，支持科技型中小企业健康发展。”

2015 年 10 月 29 日，习近平总书记在党的十八届五中全会第二次全体会议上指出，我们必须把创新作为引领发展的第一动力，把人才作为支撑发展的第一资源，把创新摆在国家发展全局的核心位置，不断推进理论创新、制度创新、科技创新、文化创新等各方面创新，让创新贯穿党和国家一切工作，让创新在全社会蔚然成风。实施创新驱动发展战略，全面提升创新能力是核心。要全面提升创新能力，关键是要有效构建创新平台，培育创新载体，集聚创新要素，完善创新机制，形成以企业为主体的创新体系。

本章关键词： 供应网络；组织间互动；技术能力

针对第三章中提出的问题以及第四章中相关述评的结论，本章首先需要建立起能够解释战略采购与企业技术能力两者之间内在关系的逻辑基础；然后在相关研究进展的基础上进一步分析战略采购对制造企业技术能力的影响路径，并提出相应的研究假设，从而构建一个系统的、能够解释战略采购对企业技术能力影响机理的概念模型。

技术能力是企业技术创新、组织创新和管理创新的基础，并且直接影响企业竞争力。因此，培育和提升企业技术能力，提高企业技术创新能力，是增强企业持续竞争优势的核心环节。由于企业技术能力的本质是知识，因此，制造企业可以通过选择、吸纳、配置、使用和激活企业内外部各种类型的优势资源，特别是企业的技术知识资源，充分发挥这些资源的效率和效能，进而创造出诸如技术知识等新资源。因此，企业要想培育和提升企业技术能力，就必须不断地整合企业内外部各类资源，尤其是技术知识资源。

第一节 组织间互动与企业技术能力提升

组织是一个复杂的适应系统，它具有持续学习的能力。组织通过学习关于如何有效利用嵌入在内部的自组织系统中的新技术，以及与其他社会代理机构的跨越不同行为的多种活动、创新可能性以及跨文化边界的外部交互作用来制定新的战略。

随着技术的综合性、复杂性日益提高，组织间建立的以知识为基础的联系网络成为知识经济的一个显著特征。企业无法从内部创造出所需要的所有技术，拥有有限技术资源的后发企业更需要外部技术知识，以及具备建立或融入知识网络的能力。尽管知识获取和应用对企业技术能力有重要的影响，但所获取的知识本身并不必然产生价值。知识的产生依赖于组织或个体之间的有效互动。

Nooteboom 在研究创新与组织间的关系时发现，企业可以通过关系投资或者从与其他企业的互动联系中，获取组织所需要的战略性资源（知识与能力）。企业通过与外部供应商之间专业的社会关系和交换关系的交互作用，可以促使企业共享建议、工程解决方案和新技术。企业与供应商之间的联结，有助于转移与情境相关的知识以及生成和交换新技术。研究发现，企业与外部供应商之间的关系是企业外部学习和知识能力的重要来源。与供应商的关系是新知识的潜在资源，因为它可以促使企业获取那些不能公开获取的知识，这种类型的知识包括关于企业战略、能力和产品能力以及在研项目的信息，而这些信息都是未被公开的、非标准化的信息。Uzzi 和 Lancaster 认为，这些数据对于学习过程是非常有价值的，主要是因为它们对创新和成本缩减提供解决方案。

Chen 等在研究我国台湾地区的生产企业对美国企业的投资时发现，企业通过与客户之间的联结来寻求获取战略和知识资源，如研发和设计能力、生产技术、技能和专业人员以及管理和组织优势。Yli – Renko 等认为社会联结可以促进高科技企业的商务信息交换和新知识获取，同时企业与供应商间的社会交互作用可以增加信息交换的深度和广度。Roy 等在研究供应链关系与创新产出之间的关系时指出，企业与供应商间的互动可以带来企业创新的实现。

资源观理论强调组织能够通过合作获取和利用互补性的跨组织战略

资产，企业所拥有的资源存量和学习流量可以提升自身的能力，而这种能力则是企业战略优势的重要来源。技术能力的本质是知识，因此，企业技术能力的提升过程是企业不断获取和积累知识的过程。由于与企业技术能力相关的知识大多都是隐性的，并且嵌入在一定的组织情境中很难被转移，因此，需要企业间建立深入的合作和社会化交互关系。企业在与供应商的合作创新过程中，通过合作互动机制，充分利用外部创新资源，已经成为当代企业的必然选择。首先，通过汇聚互补性的资源和能力，企业可以启动和执行独自无法实现的项目。其次，交互式学习能够帮助企业增加能力和知识。

第二节　基于知识共享的企业技术能力提升

在现如今动态、激烈的竞争环境下，一个企业的成功在很大程度上依赖于其使用知识开发出胜过竞争对手的新产品、服务和过程的能力。知识管理的支持者认为，一个企业的竞争优势来源于收集、积累、整合、传播和开发知识的能力，知识只有以特殊的方式共享、合成和使用时才具有战略价值。而这些知识是企业技术能力发展所必需的。

技术能力是一个技术诀窍的积累和学习的过程。企业获取更新的知识、信息和诀窍知识后，通常会产生更具创新性的观点、更多可选择的解决方案以及更新的机会，而这些都将帮助企业获取更多的产品和技术发明。拥有快速获取新知识能力的企业可以更好地整合新知识，以便在产品设计、生产和市场开发中使用新知识；一个企业在设计和生产中越能较好地应用新知识，越容易实施技术发明和新产品开发，就越能获取更好的技术能力提升。

Anna Lamin 和 Denise Dunlap 认为，企业能够通过对存在于环境中的知识和信息流的成功管理和正确响应来增强其复杂技术能力。知识的使用、传递和开发都产生于组织成员间密集、广泛的互动中，供应商是企业技术学习的重要来源。McEvily 和 Marcus 认为，与合作伙伴之间的知识分享，对企业竞争能力的提升有正向的显著作用。因此，供应商对制造企业技术能力的发展具有至关重要的作用。

由于知识共享实践通常嵌入在企业的社会环境中，因此资源观学者认为企业应当培养惯例，从而有效地采集、存储、分析、检索、共享和传播嵌入在其运作过程中的知识，而且只有当利用和开发群体智慧及共享雇员知识时，企业才能适应和发展创新过程、产品、战术和战略。Nickerson 和 Zenger 认为，管理的主要任务是通过发现新知识和提出新的解决方案，从而形成现有知识的独特组合以维持高于平均水平的利润。

关于企业如何进行知识的获取、存储和共享，有两种观点：一种是正式的共享。这种观点认为知识是可以收藏、存储和可获取的人工产品，因此知识可以通过使用结构化的、深思熟虑的和正式的知识共享实践，很容易地被打包和转移。另一种是非正式的知识共享。这种观点认为组织知识是隐性的，具有社会化结构特征以及共同拥有的特征。因此，企业必须发展一种可以培养和保护团体知识的、基于团体实践的知识共享实践活动。使用这种集体的隐性知识需要同事及组群之间结构化、面对面及私人信息交换的惯例。组织应当开展正式和非正式知识共享活动，并从中实现利益最大化。

正式的知识共享活动，通常集中在通过正规的沟通渠道来进行常规收集、打包和分配组织知识。正式的知识共享活动提供了沟通组织指令的基础，正式的知识共享活动是关键的，因为知识只有被共享和使用时才是有价值的。个体知识只有与其他知识相连接时才能获取价值。企业通过综合不同种类的知识以发展动态的技术能力和获取竞争优势。整合多样的、非冗余的知识可以鼓励组织创新以提升绩效和生成价值。共享供应商的知识有助于制造企业技术能力的发展，而这一过程需要依赖正式的知识共享实践来促进。企业技术能力的建立需要企业利用、培养和整合供应商的知识，企业与供应商共享的知识越多，越容易获取供应商关于即将到来的技术动态知识以及这些趋势对企业和行业重要性的理解。正式的知识共享有助于开展关于技术发展卓有成效的讨论、提供可供选择的技术来源以及如何获取这些技术源。

企业与供应商间的知识共享也可以通过非正式的、非结构化的以及非常规的企业间交互作用来实现。由于隐性知识很难被定义、编撰和表达，因此它可以通过直接表露和共同经验这些非正式的方式来实现更好的传递。非正式的社会交互可以增加共享观点和知识的机会，从而帮助企业建立技术能力。尽管非编码化、隐性的知识通常很难被共享，但是企业与供应商间的强关系联结可以提供一个强有力的非正式的知识共享机制。频繁的面对面会议和高水平的价值共享是有效的非正式的知识共享实践的基础。非正式的知识共享，如即时会议和讨论可以带来关于目标以及组织决策的一致性，同时会话和交流也不是常发生在工作场所，很多潜在的交流可能发生在工作场所之外或在工作之外很随意的对话中。这些非正式的交流和讨论可以增加企业识别和利用创业机会的能力，促进企业建立和保持较强的技术能力。

第三节　网络嵌入性与企业技术能力提升

许多企业赖以生存和获取持续竞争优势所需的资源和技能实际上是跨组织的，它们驻留在企业的边界，也可以超越组织边界嵌入在组织间的资源与过程中。企业与供应商进行合作创新，需要企业间形成相互支持的环境，网络是企业最重要的外部环境，其所具有的灵活性和开放性的特征有利于企业知识的获取和开发。网络成员企业可以通过网络获取它们本身所不具备的资源。网络是获取合作伙伴互补性知识与技能的一种有效途径，由于被转移知识和技能的高度嵌入性，企业必须参与到网络过程中，通过网络组织成员之间的持续互动实现有效获取。网络中资源的互补性有助于及时接触到丰富的信息，这种异质性、互补性知识资源的获取是企业竞争优势的重要来源。网络可以把不同企业的各种资源和信息汇聚到一起，而资源和信息的多样化有利于创新知识的产生；Burt 研究发现企业可以通过网络加强交流的频率和深度，进而促进知识转移及产品开发和创新。企业间深度的网络联结可以为企业带来多样性信息、多角度分析问题的方法以及更多组织部门间的自由沟通，而这些都是企业创新想法产生的关键。同时，企业间基于信任关系的战略合作和互动学习可以促进交易双方竞争能力的提升。

大量实证研究发现，制造企业可以通过获取外部网络中企业所需要的战略性资源来实现绩效改进和能力提升，双方互惠合作的目的是从合作中取得各自所需要的资源。研究网络资源对企业能力贡献的文章多是从网络嵌入性角度来深入分析的，企业与供应商之间的嵌入性合作机制能有效促进企业竞争能力的提升，企业可以从与供应商的网络关系所带来的资源与能力中获取竞争优势，企业的供应商是重要的新想法和信息来源，技术尖端行业的供应商是企业创新的温床，与供应商的紧密关系是企业创新所需知识和技能的重要来源，制造企业与供应商的紧密关系有助于隐性知识与技术诀窍的共享，同时合适的伙伴关系有助于企业与供应商合作的开展。如果供应商、制造商和使用者之间形成较好的具有知识移转机制的生产网络，则更容易出现创新。一个企业在业务组织中的嵌入性为其获取信息资源提供了更有效的方法，正是这种类型的多样化信息的获取途径才可以影响企业的技术能力。Argote 和 Ingram 研究认为，成员之间的社会网络在知识转移中具有很重要的作用，社会网络可以连接组织资源与新知识资源并帮助解释新知识，除此之外，这些社会关系和联系之间的转移在知识共享活动嵌入在惯例中时也很可能被增强。可见，网络中的知识活动和转移机制能够促进企业技术能力的积累，同时网络对技术学习有明显的促进作用，是利于企业技术能力提升有效的资源整合途径。

第四节　基于供应商网络的企业技术能力影响因素

基于上述文献分析，本节主要从基于供应商网络视角的企业技术能力影响因素分析入手，试图从企业技术能力的影响因素中归纳出战略采购对企业技术能力影响的逻辑关系。研究内容主要分为三部分：基于供应商网络的企业技术能力影响因素的理论分析；基于供应商网络的企业技术能力影响因素的探索性研究；战略采购与企业技术能力关系机理的理论探索。

一、基于供应商网络的企业技术能力影响因素的理论分析

实践证明，企业依托供应商网络，通过学习获取知识资源是企业技术能力快速成长的关键，也是企业整体技术能力和竞争力提升的基础。因此，为了系统地研究影响我国制造企业技术能力提升的因素，本研究试图通过对现有相关研究的梳理，从有效利用供应商知识方面，探索出基于供应商网络的企业技术能力影响因素，为后续研究做准备。

网络对于技术学习和增强技术能力来说是一种资源整合的有效途径。知识观理论认为，企业所拥有的异质性的、难以模仿的技术知识是企业竞争优势的重要来源。因此，为了获取和保持企业竞争优势，制造企业必须不断获取和使用企业内、外部的新知识。社会网络理论认为，企业的一切经济活动都存在于其所处的社会网络中，因此企业可以通过与网络中的企业进行频繁的互动、沟通与交流，以及企业内部的技术学习活动，来促进企业自身技术能力的提升。从供应商网络的角度来看，制造企业技术能力的获取过程，实际上就是企业通过寻求外部供应网络

中的知识源，将外部供应商的技术知识转移和共享到制造企业内部，实现企业技术知识存量的内部积累，并在此基础之上，通过企业内部的技术学习，将从供应商网络中所获取的知识转化为企业自身的知识，进而提升企业技术能力的过程。企业与关键供应商进行各种方式的频繁沟通与交流，可以使双方企业和个人层面的知识通过网络紧密联结在一起。网络有助于制造企业从供应商处获取其无法用语言等符号表达的隐性知识，这些知识是企业技术能力的重要来源。

任何能力的提升与发展都需要持续的资源投入与支持，技术能力也不例外。企业获取技术能力的提升，必须有人、财、技术等资源要素的投入，而这些资源要素必须在一定的组织形式和管理模式下才能发挥作用。除此之外，要使企业技术能力得以顺利提升，除了必须存在保持企业之间信息畅通、沟通便捷的机制，还必须存在企业之间相互信任的机制等。因此，本节主要从以下五个方面对制造企业技术能力的影响因素进行探索性研究，包括技术原体、技术受体、技术本身特性、企业与供应商的关系以及组织因素，用以揭示影响因素的变化是导致企业技术能力提升的主要原因。

（一）技术原体

本书所说的技术原体就是企业的供应商，供应商的知识保护性、知识管理能力和知识转移能力影响企业的技术能力获取。隐性知识是供应商在特定的长期环境中通过实践活动积累下来的重要资源，是企业获取核心技术能力的主要来源，因此供应商会对所拥有的隐性知识进行特意保护，不会无条件地传播；供应商的知识管理系统和交互式技术平台可以促进供应商与制造企业之间隐性知识的交流与转化，从而有利于制造企业获取供应商的隐性知识。如供应商通过隐性知识的编码化，或者与制造商定期举行面对面的互动交流，彼此交换想法、经验，相互启发，从而创造出各种新知识；供应商的知识转移能力直接影响企业技术能力的提升，拥有较强的知识编码能力、语言表达能力、交往能力和解决问题能力的供应商，有利于制造企业与其进行隐性知识的交流与共享，进而促进制造企业及时发现和解决技术方面遇到的难题。

（二）技术受体

本书所说的技术受体指的是制造企业。制造企业本身的知识存量、知识管理能力和知识吸收能力直接影响企业技术能力的提升。企业现有的知识存量是企业隐性知识转化的基础，企业知识存量直接关系企业对从供应商处获得的隐性知识的理解和运用程度。研究发现，企业知识存量越多，对隐性知识理解越深刻，越能有效地进行隐性知识的转化并产生新的知识；制造企业知识管理系统的完善有利于企业技术能力的提升，企业实现隐性知识的转化和共享必须基于一定的信息技术系统平台以及信息和知识的可获性，制造企业信息技术的有效运用可以促进企业与供应商间知识的交流与共享，有利于激发企业创造性知识的产生；制造企业的吸收能力决定了其对知识的理解和运用程度，制造企业的技术吸收主动性、对新知识的洞察力和对知识产品市场潜力的预见能力等，都会对企业知识的转移产生影响，制造企业的解码能力、学习能力、思维方式等，都会影响制造商与供应商间隐性知识转化的速度和进程。

（三）技术知识本身特性

技术知识本身的模糊性、内隐性和复杂性是影响制造企业与供应商间知识共享的主要制约因素。作为一种隐性知识，技术知识由于本身所具有的模糊性和非编码化特征，很难被不同节点上的主体所共享；同时，由于技术知识是企业通过长期实践积累下来的，并且是基于一定文化和环境条件产生的，因此具有一定的路径依赖性。

（四）企业与供应商的关系

由于企业技术能力的本质是知识，因此企业技术能力的提升需要企业与供应商进行广泛、深入的知识共享与交换。知识共享是一种基于信任的活动，以双方互惠为前提，产生于双方企业间的互动与交流。企业间隐性知识的共享需要形成便于知识共享与交流的环境，同时知识主体和知识受体之间的互惠程度对隐性知识的转化也具有重要影响。因此，企业与供应商间因合作而建立起来的基于互惠预期的长期关系，有利于供应商积极主动地分享相关信息。也就是说，当供应商向制造商提供有价值的隐性知识时，就可以从制造商处获取相应的报酬，促使供应商愿意与制造商共享更多的隐性知识，从而导致隐性知识共享的自我强化循环。

信任是行为交互各方对不确定的未来所表现出的彼此信赖，企业间的信任和共同的行为法则可以降低合作中的不确定性，规范合作创新行为。企业与供应商间隐性知识的共享和交流不仅受制于供应商的传授能力和制造企业的学习能力，还取决于制造企业与供应商间的信任程度，制造企业与供应商间的信任可以使双方愿意为共同目标而交换隐性知识，双方的信任程度越高，隐性知识转化的效率就越高。供应网络内制造企业与供应商间高度的信任关系是促进企业技术创新的重要因素，供应网络内的信任关系既降低了交易成本，也降低了企业与供应商间协调合作的难度，避免产生机会主义行为，还为企业间的未来合作预留了相当大的协调空间。

企业创新所需要的各种知识和信息，不仅发生在企业内部，而且还发生在企业与供应商的互动中，制造企业的创新进程究其实质也就是在供应网络中与供应商互动学习的过程。在制造企业内部各个环节之间以及制造企业与外部供应商之间存在大量的信息反馈，制造企业能否与供应商进行有效的信息交流是企业获取供应商技术知识的关键因素。制造企业的技术学习与企业技术能力提升密切相关，知识共享网络是企业进行有效且高效的技术学习的基础，制造企业与供应商之间由于长期合作所形成的知识共享网络，既为技术学习提供了软性基础设施，又是技术学习成果吸收和转化的通道。

（五）组织因素

技术知识常常是依赖于环境的，黏滞于局部环境，组织应该创造一种知识共享的环境。僵化的体制不利于技术的转移和吸收，企业中存在的一些人为阻断信息的因素也会成为知识转移的障碍。企业技术能力的提升与发展体现在不断的学习和实践中，而这些活动的性质、强度与内容则依赖于高层管理团队的认识与决策。只有管理团队从战略高度重视技术能力对培育企业竞争优势的贡献，才能投入资源并建立各种相应的机制，有效地利用供应网络内的资源，进而提升企业技术能力。

由于知识的转移和共享需要在相似的情境下才能发生，因此，组织文化和组织结构可以对隐性知识的交流和转化产生重大影响，进而影响制造企业的技术能力。组织结构可以通过影响企业内、外部学习效果，对企业隐性知识的获取、整合和使用产生重要影响。如传统的金字塔式组织结构，由于缺乏适应性和灵活性，阻碍了企业与供应商间面对面的互动式交流与沟通，而扁平化、柔性化的组织结构可以促进企业及时有效地获取、吸收、处理与反馈企业和供应商间的各种信息与知识。通过企业与供应商间隐性知识的交流与共享，促进员工学习的积极性，激发员工的创造力。

研究认为，组织文化可以通过影响企业管理者和员工的价值观、思维方式和行为方式来发挥作用，不同文化类型对于制造企业与供应商间隐性知识转化的影响是不同的，基于知识共享的组织文化可以加速企业与供应商间知识共享的效率，有利于企业技术能力的提升。研究发现，拥有开放的组织文化的企业可以通过与供应商在具体的沟通和协调中尽快适应环境变化，以及通过及时、准确的行为及策略调整，从环境中寻找机会来为企业创造价值，为企业技术能力的提升创造新的机会。

二、基于供应商网络的企业技术能力影响因素的探索性研究

（一）影响因素获取

通过对基于供应商网络企业技术能力影响因素的文献进行分析，得出表 5－1 所示的 14 个制造企业技术能力的影响因素。

表 5-1 制造企业技术能力的影响因素

来源	影响因素	文献作者
技术知识特性	知识的缄默性	Nonaka（1995）；Leonard 和 Sensiper（1998）；Nonaka 和 Konno（1998）
	知识的复杂性	Alavi 和 Leidner（2001）；Szulanski 和 Jensen（2006）
技术原体	保护性	Shaw 和 Edwards（2005）；吴勇慧（2004）
	管理能力	Nonaka（2001）
	转移能力	Cohen 和 Levinthal（1990）
技术受体	知识存量	Barney（1991）；曹兴和郭然（2008）
	吸收能力	Szulanski（2000）；Escribano 等（2008）；Aladwani（2002）
	管理能力	Nonaka（2001）
双方关系	互惠	宋建元和陈劲（2005）
	信任	Li（2005）；Samaddar 等（2006）
	沟通与互动	Wen（2007）；Kaminskia 等（2008）
组织因素	高层管理者的认知	Mark 和 Goh（2004）；Geok 等（1999）
	组织文化	宋建元和陈劲（2005）
	组织结构	Lubit（2001）

（二）探索性因素分析

探索性因素分析的基本思想是寻找公共因子以达到减少变量个数的目的。由于事先并不清楚相关影响因素，因此探索性因素分析是完全建立在对相关资料的收集基础上的，通过使用统计分析软件对资料数据进行分析来获取公因子。本书运用 SPSS11.5 对所回收的问卷数据进行信度、效度分析，从而提取出基于供应商网络的制造企业技术能力的影响因素。在因素分析之前，应该计算比较变量间简单相关系数和偏相关系数的指标 KMO 值。该检验首先假设变量相关矩阵为单位矩阵（对角线为 1、非对角线为 0），然后检验实际的相关矩阵与这个矩阵之间的差异性，如果差异性显著，则拒绝单位矩阵的假设，即认为原变量之间的相关性显著，适合做因子分析，否则不能做因子分析。本书中问卷数据的

KMO 值为 0.805（见表 5-2），符合要求，表明所收集的数据存在共同因素，适合进行因素分析。

表 5-2 影响因素问卷 KMO 值及 Bartlett's 检验

KMO 值	Bartlett's 球形检验		
	卡方值	df	Sig.
0.805	974.263	136	0.000

以主成分因素抽取法抽取共同因素，共抽取 4 个共同因素，如表 5-3所示，由表可得知，4 个主因素的累计解释变异量为 63.108%，这可以说明，研究中所使用的问卷的构思效度和结构效度都是很高的，所获取的 4 个共同因素是影响企业技术能力的主因素。通过对初始因素负荷矩阵进行正交旋转，使用最大方差法得到的正交因素负荷矩阵以及各题项的共同度如表 5-4 所示。

表 5-3 整体解释的变异数

因素	初始特征根			被提取的载荷平方和			旋转平方和		
	合计	方差百分比	累积百分比	合计	方差百分比	累积百分比	合计	方差百分比	累积百分比
1	5.049	29.701	29.701	5.049	29.701	29.701	3.241	19.063	19.063
2	2.815	16.556	46.258	2.815	16.556	46.258	3.008	17.692	36.755
3	1.621	9.536	55.794	1.621	9.536	55.794	2.456	14.448	51.204
4	1.243	7.314	63.108	1.243	7.314	63.108	2.024	11.904	63.108

注：提取方法：主成分分析法。

为了便于明确 4 个主因素对企业技术能力的影响，并为以后的研究奠定基础，有必要对这 4 个主因素进行解释并命名，具体如表 5-5 所示。

因素 1：主因素 1 包括题项的含义是，企业与供应商间相互信任、企业与供应商共享“敏感”信息、企业与少量的供应商建立长期伙伴关系、企业选择那些对自身技术能力有帮助的供应商、企业对与供应商间发展长期关系的承诺。这些题项体现了制造企业与供应商间的关系本质，故将其命名为“供应商关系”。

表 5－4　影响因素问卷数据旋转矩阵

	因素			
	1	2	3	4
VAR02			0.117	0.815
VAR16	0.239	0.198	0.137	0.761
VAR17			0.151	0.753
VAR03	0.127	0.372	0.553	0.102
VAR04	-0.102		0.747	0.250
VAR11		0.214	0.813	0.137
VAR08	0.119	0.358	0.776	
VAR01	0.194	0.643	0.262	
VAR05	0.121	0.776	0.111	
VAR15		0.718		0.167
VAR14		0.778	0.209	0.133
VAR12	0.134	0.670	0.338	0.166
VAR06	0.747		0.170	
VAR10	0.695	0.178		0.121
VAR13	0.815			0.132
VAR07	0.791	0.101		
VAR09	0.853	0.105		

注：①提取方法：主成分分析法；②旋转方法：最大方差正交旋转法；③旋转在5次迭代后收敛。

因素2：主因素2包括题项的含义是，企业与供应商建立良好的沟通机制、企业与供应商进行跨功能的合作来获取供应商技术、企业将供应商整合到自己的新产品开发团队、企业与供应商共同解决合作中的难题、企业对供应商进行认证。由于这些题项主要表征了制造企业的供应商管理活动，故命名为“供应商管理”。

因素3：主因素3包括题项的含义是，企业能够较容易地获取供应商的技术知识、企业具有较强的知识转化能力、企业具有较强的知识吸收能力、企业能够很快地将吸收到的知识应用到企业中。这些题项主要反映了企业的技术学习能力，故命名为“技术学习”。

因素4：主因素4包括题项的含义有，企业高层管理者对技术能力重要性的认知、企业具有与供应商相近的企业文化、企业具有弹性的组织结构。这些题项主要反映了企业技术能力产生的组织环境，故命名为“组织情境”。

表5－5　供应商网络中制造企业技术能力影响因素

序号	因素名称	涵盖题项
1	供应商关系	VAR06：企业与供应商间相互信任
		VAR10：企业与供应商共享“敏感”信息
		VAR13：企业与少量的供应商建立长期伙伴关系
		VAR07：企业选择那些对自身技术能力有帮助的供应商
		VAR09：企业对与供应商间发展长期关系的承诺
2	供应商管理	VAR01：企业与供应商建立良好的沟通机制
		VAR05：企业与供应商进行跨功能的合作来获取供应商技术
		VAR15：企业将供应商整合到自己的新产品开发团队
		VAR14：企业与供应商共同解决合作中的难题
		VAR12：企业对供应商进行认证
3	技术学习	VAR03：企业能够较容易地获取供应商的技术知识
		VAR04：企业具有较强的知识转化能力
		VAR11：企业具有较强的知识吸收能力
		VAR08：企业能够很快地将吸收到的知识应用到企业中
4	组织情境	VAR02：企业高层管理者对技术能力重要性的认知
		VAR16：企业具有与供应商相近的企业文化
		VAR17：企业具有弹性的组织结构

在这4个因子中，供应商关系和供应商管理反映了企业与供应商间的互动关系，属于供应管理实践的范畴。对制造企业而言，采购是企业实施供应管理的直接工具。战略采购在不断寻求新的联结供应商和制造企业自身知识和技能的渠道方面扮演重要角色。战略采购在收集重要的供应商技术知识和管理相关供应商方面担负着重要职责，可以帮助企业从供应商的知识网络中获益。技术学习是连接战略采购与企业技术能力

的一个关键调节变量，学习有助于行为变化从而导致绩效的提升。由于管理系统的输入、处理、输出和反馈都与主客观背景融为一体，难以像工程技术系统那样做到系统本体和环境在一定条件下的隔离处理，因此本章在分析企业技术能力的提升时，也考虑了组织情境因素，并将其作为一个重要的调节变量。

基于上述探索性研究分析，本书认为，战略采购通过供应商与制造企业之间的互动来影响制造企业的技术能力，企业的技术学习在战略采购对企业技术能力的影响中起到一定的调节作用，而组织情境因素也会影响制造企业技术能力的提升。战略采购对制造企业技术能力的影响关系如图 5－1 所示。

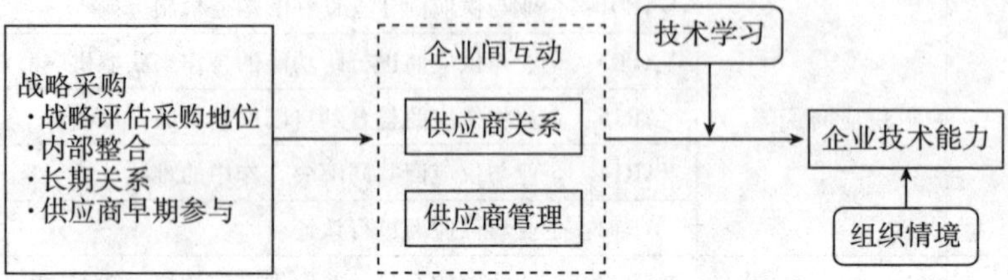

图 5－1　战略采购对企业技术能力的影响关系

三、战略采购与制造企业技术能力的关系机理的理论探索

由于企业技术能力的本质是知识，因此企业技术能力的提升需要不断获取和积累新的知识。战略采购不仅可以提升采购的竞争优势，而且可以通过促进制造企业与供应商间紧密的相互作用，使制造企业获取供应商的专门技术和知识，经由自身的技术学习实现技术能力的稳步发展。Cohen 和 Levinthal 在研究学习和创新的关系时指出企业技术能力的提升过程实际上是企业通过学习，将外部知识资源整合到企业内部，经过消化吸收转变为企业自身技术能力的过程。实施战略采购，制造企业可以通过与供应商的长期关系有效地利用供应商的专业知识和技能帮助

其寻求新的产品解决方案或者新的合作方式，以开发更优质的新产品来获取竞争优势。具体表现在以下两个方面：首先，实施战略采购，企业与供应商间建立了长期关系，可以使企业与供应商在更大范围、更深层次进行知识、信息与技能的共享，为创新提供重要的来源；其次，战略采购的实施，企业与供应商相互依赖，使双方来自不同资源和领域的知识通过跨越时空的整合，进而有效弥补了核心企业自身知识的不足，从而有利于创新的实现。

全球价值链理论认为，企业可以通过与其他企业和机构所建立的网络关系来获取关键技术知识，激发和促进创新，进而突破自身技术能力局限并获得长期可持续的技术能力成长。企业的活动与供应商的活动是紧密交织在一起的。战略采购通过企业和供应商间的界面管理扮演了一个边界生成的角色。作为一个固有的边界生成过程，战略采购的主要活动之一就是加强同供应商的联系。社会网络理论认为，当企业能够与其他企业形成一种战略性依赖关系或者预料到伙伴资源的作用时，企业将以一种伙伴关系的形式参与到其他企业中。

网络嵌入性作为一种战略性资源，它能影响企业能力和绩效。企业可以从网络关系所带来的资源与能力中获取竞争优势。大量学者研究了企业如何通过网络获取技术能力。与外部保持密切联系的企业往往能够获取新的技术知识，从而快速适应环境的变化，企业与外部技术知识的网络联系，可以实现技能、诀窍和市场知识的快速传播、互动与组合，进而获取企业技术能力的提升。

企业技术能力的本质是企业知识。因此，企业技术能力的提升需要选择和集成外部技术源，复杂技术的创新需要企业间形成网络，因为大量的隐性知识必须在特定的背景下交流和学习。战略采购在供应商网络情境中所培育出的制造企业与供应商的紧密联结被嵌入在网络中，网络中所蕴藏的大量物料流、信息流、知识流和技术流等资源对制造企业的发展具有至关重要的作用。企业可以从供应商的知识网络中获益，企业从供应商网络中收集到知识的数量取决于企业与网络成员之间的社会关系本质。制造企业实施战略采购，将与供应商的长期伙伴关系嵌入在网络中，企业深层次嵌入的外部网络有利于企业有效地整合和利用外部资源，从而获取企业绩效和能力的提升。企业通过与那些可以满足它们需求和有共同绩效目标的供应商建立强大的关系，这种合作关系可以增加新的信息和技术。同时，在关系嵌入的供应链活动中，企业可以更多地转移知识，关系嵌入可以通过增加企业的知识资源对企业的技术能力及竞争优势产生重要影响。

企业所获取的知识本身并不必然产生价值，知识的产生依赖于组织或个体之间的互动以及知识的开放度。越来越多的研究发现，企业可以通过关系投资或者从与其他企业之间的互动联系中获取组织所需要的战略性资源（知识与能力）。作为一个跨边界角色的平台，战略采购可以创造一种相互支持的环境，促进制造企业与供应商的紧密联结，这种联结可以促进信任、减少机会主义行为，促进深层次的双向沟通以刺激组织间更丰富、更详尽的信息交换，进而有利于隐性知识的转移和共享；战略采购能够提升核心企业同供应商互动的能力，企业与供应商可以通过合作来增加获取和利用隐性知识的机会。这些隐性知识是企业技术能力的关键来源。可见，实施战略采购，制造企业可以将与关键供应商的长期伙伴嵌入在网络中，创造关系性资产，通过共同的技术学习与知识交流，促进彼此能力的提升。

第五节 概念模型与研究假设

企业技术能力的提升过程实际上就是企业知识不断获取和积累的过程。Gadde 和 Hakansson 在《供应网络战略：新经济中的采购》一书中强调，战略采购在制造企业发现和整合供应商的知识和技能方面具有至关重要的作用，将外部知识整合到制造企业中，对技术能力的提升是非常关键的。通过实施战略采购，制造企业与供应商间形成的长期伙伴关系，有利于制造企业快速有效地获取供应市场信息以及充分利用关键供应商的专业知识和技能，获取企业绩效和能力的提升；同时，采购通过与供应商的紧密联结和双向互动，可以使更广泛的采购人员参与到供应商企业中，这些可以带来创新的可能性。然而，目前关于战略采购对企业技术能力影响的相关研究尚属空白。本章将依据第四节中“基于供应商网络的企业技术能力影响因素”的探索性研究结果，首先，构建战略采购对企业技术能力影响关系的概念模型，提出相应的理论假设；其次，结合我国制造企业的实际情况对所提出的概念模型进行实证检验，揭示战略采购对企业技术能力的作用机理。

一、概念模型的构建

实施有效的战略采购，能够充分利用企业关键外部供应商的资源和专业技术以及高效地收集和传播供应市场信息。由于实施战略采购的企业都与关键供应商建立了长期合作关系，因此企业可以通过供应商的社会嵌入关系优先获取市场知识和信息，与供应商的互动，核心企业可以更加频繁地搜寻供应网络中它所需要的知识。学习有助于行为变化，从而导致绩效的提升（Garvin，1993；Senge，1990），Chen 和 Qu 研究发现，制造企业可以通过技术学习深化技术知识、提升企业的各项专业技能，进而实现企业技术能力的有效提升。因此，企业从供应商处学习到的知识和技术越多，企业技术能力提高的可能性就越大。除此之外，企业高层领导对创新的关注、柔性的组织结构以及有利于知识转移和共享的组织文化，也是企业技术能力提升的关键影响因素，这些关系的研究与讨论将在以后研究中进一步展开。

研究发现，战略采购是一种不需要资本投资就能够获取制造能力的途径。战略采购通过创造一种相互支持的环境，从而有利于企业与供应商之间技术、市场信息的转移和共享；企业实施战略采购，与关键供应商建立长期合作关系，有利于企业间共同解决问题（Stuar 等，1998）；企业实施战略采购，与关键供应商的紧密联结是企业重要的关系资产，它可以促进企业间建立良好的信任，从而避免机会主义行为的产生。吴晓波等在研究全球制造网络中企业的知识获取时也认为，企业的关系嵌入性能为其带来异质的、难以模仿的战略性资源。因此，本研究主要从网络关系嵌入视角来分析战略采购对企业技术能力的影响关系，将关系嵌入作为战略采购与企业技术能力之间的一个关键中介变量。关系嵌入关注于以直接联结为纽带的二元交易关系，它强调企业间的直接联结是信息获取的有效机制。MeEvily 和 Marcus 在研究嵌入联结与竞争能力的关系时指出，关系嵌入性应包含以下三个方面的内容：信任、优质信息共享和共同解决问题。由于学习有助于行为变化，从而导致绩效的提升（Garvin，1993；Senge，1990），因此，制造企业必须通过技术学习深化技术知识、提升企业的各项专业技能，进而获取企业技术能力的有效提升。研究发现，具有良好的技术学习能力的企业能够更好地开发新产品、具有更有效的供应链管理能力，这些都有助于企业将从外部供应商处获取的知识资源转化为企业内部的知识存量，从而促进企业技术能力的提升。因此，本书将技术学习过程看作联结关系嵌入与企业技术能力之间的一个关键调节变量。基于上述文献分析，构建了战略采购对企业技术能力影响的概念模型，如图 5－2 所示。

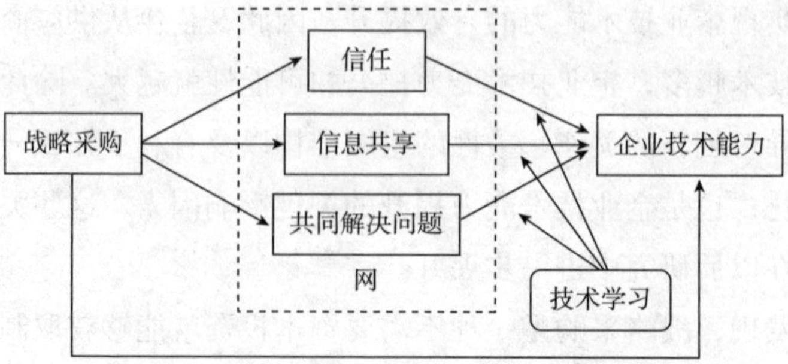

图 5－2　战略采购对企业技术能力影响的概念模型

二、研究假设的提出

技术创新是企业生存和发展的重要基石与驱动力，企业的技术创新是企业技术能力的一种表现。制造企业通过广泛、深入开发和利用外部技术和市场知识，可以为企业的创新提供重要的外部知识来源。处在技术尖端行业的供应商是创新的温床，供应商与制造商之间知识与资源的共享，是企业重大创新所需思想和信息的重要来源。

研究发现，企业所嵌入的外部关系网络，为企业技术能力的提升提供了重要知识来源，企业的关键资源可以跨越组织边界嵌入在企业间网络资源和惯例中。由信任、信息共享和共同解决问题等嵌入机制所形成的关系嵌入性能给企业带来战略性资源，这种资源是企业可以获得和利用的，并且是网络外部竞争对手难以模仿的，它可以促使企业获取关系租金，进而促进企业战略能力的提升。

企业实施战略采购，使企业与供应商的长期关系嵌入在网络中。网络是企业整合和利用外部资源的重要途径，制造企业可以通过深层次嵌入的网络关系获取关系性资产，通过与供应商的互动学习与交流，实现彼此的能力互补，进而实现企业技术能力的有效提升。基于此，本书结合已有相关研究展开理论探讨，提出了战略采购对我国制造企业技术能力的作用机理的初始化假设命题。

（一）战略采购与企业技术能力

企业技术能力的提升过程实际上就是企业知识的不断获取和积累的过程，企业从供应商处学习到的知识和技术越多，企业技术能力提高的可能性越大。与供应商合作有利于制造企业获取供应商知识，特别是隐性知识、关键知识和敏感知识。通过实施战略采购，企业与供应商间建立了长期伙伴关系，这有利于制造企业与供应商各层次人员的互动学习和交流，有利于与企业技术能力相关的技术和知识资源的有效传播与共享。

Paulraj 等的研究发现，战略采购的实施水平正向影响企业的供应整合和企业绩效，外部知识整合对制造企业技术能力的提升至关重要。实施战略采购，企业与供应商间基于长期伙伴关系的深入沟通与互动有利于新产品的设计和开发。制造企业可以通过充分利用供应商在零部件及组件方面的信息和技术储备，以及供应商在产品设计、技术创新方面的专业知识和技能，为制造企业提供更具创新性的解决方案，帮助制造企业快速识别潜在的技术问题，从而有助于企业成功地进行新产品开发。

Tsai 在研究外部技术源与企业技术创新的关系时发现，与供应商进行战略性资源互动有利于制造企业目标的实现，企业实施战略采购，制造企业通过信息、技术和其他资源的交流与供应商进行互动，这种基于网络交换关系的互动对企业技术能力的发展具有重要影响。同时，供应商还可以直接通过参与产品设计、参与采购与生产过程来影响制造企业的技术能力。Rottman 在研究供应商网络中的知识转移时发现，供应商的技术人员可以通过加入制造企业的跨组织团队，与制造企业一起拟定企业的新产品开发策略，同时通过企业间的协作与技术交流，开发出有竞争力的技术解决方案。因此，我们认为：

H_1：**战略采购对企业技术能力有显著正向影响。**

（二）战略采购与关系嵌入

关系嵌入主要关注以直接联结为纽带的二元交易关系，注重成员间彼此的互动过程，认为网络成员可以通过与其他成员在网络中的节点联结来获取信息收益，它有利于网络成员间分享更多的信息和知识。Moran 认为，关系嵌入性的内涵包括信任、优质信息共享与共同解决问题的安排三个方面。McEvily 和 Marcus 在研究嵌入联结与竞争能力获取之间的关系时也认为，关系嵌入性包括信任、优质信息共享和共同解决问题三个方面的内容。Gulati 和 Sytch 在研究采购关系中嵌入对生产绩效的影响时将嵌入性用信任、联合行动以及信息交换的质量和广度来衡量。

本书在讨论关系嵌入的内涵时，直接引用上述学者已经证实的观点，认为其主要包含信任、信息共享和共同解决问题三个要素。信任是嵌入性联系的首要特征，是交易一方对另一方不会利用自己的弱点来获取利益的信心。信息共享是双方合作的基础，既包括组织的显性知识，也包括通过“干中学”才能传递的隐性知识。实施战略采购，制造企业与供应商间的信息共享，有助于企业获取供应商的有价值的互补性信息和知识，从而获取企业技术能力的提升。共同解决问题的安排，能促进制造商与供应商间的相互理解和协调，通过一起解决合作中遇到的问题，可以增加制造企业的组织效率，降低生产误差并缩短产品开发时间，通过促进企业间隐性知识的传播与学习进而提升企业的技术能力。

关系资本理论认为，实施战略采购，制造企业与关键供应商形成的长期伙伴关系成为关系资产的重要来源，这可以促进企业间良好信任的产生。实施战略采购，增加了制造企业与供应商间的信任，信任可以为企业的知识学习和知识创造提供共享的环境。研究发现相互信任的组织更愿意共享知识。

通过实施战略采购，制造企业与供应商建立了长期、稳定的战略合作关系，这种紧密的合作关系意味着伙伴成员间更愿意及时、准确地交换相关信息，共享关键和敏感信息。战略采购通过营造一种相互支持的氛围，促进企业与供应商之间技术、市场信息的转移和共享。

企业实施战略采购，供应商与制造企业之间的社会交互在共同解决问题中扮演着重要的角色（Stuart 等，1998），与供应商建立的长期合作关系，可以增加新的信息和技术，这对企业在新产品开发中快速识别潜在技术问题至关重要，同时战略采购通过加强制造企业与供应商间的合作来共同寻找材料或设计问题的解决办法。

基于上述文献分析，提出以下假设：

H_2：战略采购对信任有显著正向影响。

H_3：战略采购对信息共享有显著正向影响。

H_4：战略采购对共同解决问题有显著正向影响。

（三）关系嵌入性与企业技术能力

蓬勃发展的国际生产网络改变了制造范式，也改变了公司之间的关系，即从单纯的竞争转向竞争与合作的关系。企业的关键资源不再局限于组织边界，而是嵌入在企业网络和企业管理中。研究发现，企业可以通过嵌入在所处的社会关系网络中，整合和利用关键资源来获取企业绩效和能力的提升。在关系嵌入的供应链活动中，企业可以更多地转移知识，关系嵌入可以通过增加企业的知识资源积累，对企业的技术能力及竞争优势产生重要影响。Gulati 认为，企业倾向于与那些可以满足它们需求和有共同绩效目标的供应商建立强大的关系，这种合作关系可以增加新的信息和技术。制造企业与供应商间集中且定期共享成本和技术信息，以及广泛的面对面沟通，可以促进供应商更好地理解制造企业需求的潜在变化，有利于企业快速识别潜在技术问题，从而加速企业的新产品开发进程。

研究发现，由信任、信息共享和共同解决问题等嵌入机制所形成的嵌入性关系，能给企业带来战略性资源。下面分别论述信任、信息共享和共同解决问题这三种关系嵌入机制对制造企业技术能力的促进作用。

1. 信任

Yakhlef 认为，信任是一种对对方不可能仅以利己方式行事的感知，反映了合作伙伴与企业公平交易情况。组织间的信任是合作创新和成功关系的关键因素，信任使企业可以相互依靠来完成共同的目标，相互信任的企业可以更好地利用对方的互补性资源、更愿意承担风险以及将敏感的信息提供给对方。Narasimhan 和 Kim 认为，基于网络信任关系建立起来的快速订货系统对企业技术能力具有正向效应。可见，信任可以促使企业有效地整合利用外部资源，企业间基于信任的知识密集型关系有利于提升企业的创新能力。因此，提出假设：

H_5：信任对企业技术能力有显著正向影响。

2. 信息共享

企业间技术能力的提升来源于企业知识存量的增加，是技术诀窍的积累过程。不同组织间的信息共享可以产生协同效应，促进企业知识存量质和量的变化。McEvily 和 Marcus 在研究嵌入联结与竞争能力之间的关系时指出，信息共享是合作双方超出合同与协议规定，主动交换对双方都有益的信息的程度，这种伙伴间信息与知识的分享对企业竞争能力的提升有正向的显著作用。供应商是企业创新的温床，企业通过与供应商进行有效的信息共享，可以获取更准确、及时和广泛的关于技术机会和市场机会的各种信息，为企业技术能力提升创造先机。同时，企业可以从与供应商的信息共享可能带来的溢出效应过程中获取更有益的隐性知识，从而加速企业技术能力的提升。企业双方互惠合作的目的是于从合作中取得所需的资源。Lam 的研究发现，企业间广泛密集的互动与交流有利于知识的使用、转移和开发。企业与供应商互动交流，可以促进新知识的产生，合作成员间面对面的互动沟通与交流是隐性知识产生的关键，是企业技术能力提升的重要来源。企业可以通过与供应商就相关市场、产品等信息进行良性、迅捷的沟通与交流，进而加速企业的创新活动和新产品的推广。因此，提出假设：

H_6：信息共享对企业技术能力有显著正向影响。

3. 共同解决问题

Gulati 和 Sytch 将共同解决问题定义为，企业间为了共同完成任务通过相互帮助解决问题和克服困难的过程，它表明合作双方共同攻克难题以及为维系合作关系所做出的适应性调整行为。共同解决问题能够显著地提升企业的竞争能力。供应商参与共同解决问题对制造企业的技术知识获取有正向显著影响。作为一种针对特定问题的制度安排，共同解决问题有利于企业间的责任共享。合作双方通过合作解决问题以及在合作过程由于企业间的相互适应行为所形成的规范和共同语言，可以促进合作过程中隐性知识的有效传播。企业可以从与供应商的互动中获得知识和能力，并将新的能力整合到自身的能力中，从而实现企业技术能力的创新升级。通过共同解决问题，企业间交互频率和交互次数的增加有利于知识的运用、传递和开发，特别是合作解决问题过程中产生的特定的内隐性知识，是企业技术能力的重要来源，可以促进企业战略能力的提升。因此，提出假设：

H_7：共同解决问题对企业技术能力有显著正向影响。

（四）网络嵌入的中介效应

外部技术知识获取是对企业现有技术资源的直接补充。企业从外部获取知识的渠道非常广泛，供应商、客户、竞争者、大学与研究机构、政府等都可以成为企业的外部知识源。由于企业技术能力的本质是企业的知识，因此，企业技术能力的提升需要选择和集成外部技术源。核心企业技术能力的获取依赖于从供应网络中获取知识的能力，在此情况下，战略采购在收集重要的市场知识和管理相关供应商方面有很大的责任。战略采购可以帮助制造企业通过选择那些对企业能力有促进作用的供应商，并与之合作来获取有效的供应商知识。实施有效的战略采购，能够帮助制造企业充分利用关键外部供应商的专业知识和技能，高效地收集和传播供应市场信息，并从这一过程中获益。隐性知识的转移需要企业间建立深入合作和社会化交互关系。通过实施战略采购，企业与供应商间建立了长期关系，这种关系被嵌入在网络中，企业可以通过更深层次的网络关系嵌入在更大范围、更深层次进行知识、信息与技能的共享。

网络嵌入理论认为，无论我们从何种角度来研究经济现象，都必须考察经济行动者所处的社会关系网络以及个人或群体之间的互动。因此，制造企业利用采购部门进行技术创新所需的创新想法的产生、新产品的开发和过程提升以及创新项目的启动等创新行为能否有效运行，不仅取决于企业的战略供应管理策略（通过实施战略采购，使采购为企业的新产品开发和过程创新寻求新的供应商和新技术，由采购来决定供应商的参与时间和模式以及直接启动创新项目），还取决于企业与供应商间的充分沟通和良性互动。网络作为一种获取合作伙伴互补性知识与技能的有效途径，有利于制造企业与供应商之间知识的转移与共享。Singh 和 Perlmutter 认为，由信任、信息共享和共同解决问题等嵌入机制所形成的关系嵌入性，能给企业带来战略性资源，而资源能带来企业绩效和能力的提升。

基于信任的合作将会促进隐性知识的获取和应用，有信任的企业通常会共享关于技术和市场，甚至技术诀窍等更深层次的信息，同时还可以帮助企业获取更有用的信息。基于合作的信任可以使企业坦诚相待以及通过更广泛的方式交流，从而更快地增加彼此之间的新知识交换的质和量。同时，企业认为来自同行的信息是准确、有效的，同时愿意将这些知识加以应用。

企业与供应商之间的信息共享是外部信息的重要来源，它可以带来更多的机会和更具创新性的想法。企业之间信息交换的频率越高，它们获得的新知识就越多。组织内部和不同组织之间的信息共享为技术能力提升和竞争创造了机会，来源于外部的信息可以被认为是一种经验或者是修正可能存在的管理错误，以及将企业带到一个相对于其竞争者更好的位置上的一个里程碑。有良好的信息共享机制的企业拥有获取及时、有用知识的优势，更重要的是，由于共享了技术诀窍，企业可以更好地将新知识应用到实践中。

当企业在与供应商的合作中共担责任和风险时，它们可以运用比较优势来获取协同效应，同时可以就新出现的问题进行及时反馈，这些都可以增加企业新知识在产品和设计中的应用。共同解决问题需要频繁的交互以及更深层次的交流，这不仅带来了显性知识，而且还有复杂的隐性知识。通过共同解决问题，相互可以接受的管理规则以及共同语言逐渐产生，这些都可以促进隐性知识的获取。拥有良好的共同解决问题机制的企业，可以更有效地促进隐性知识转移和获取更深层次的新知识。企业所获取的新知识是企业技术能力的重要信息来源，将新获取的知识应用到实践中才可以推动企业技术能力的提升。共同解决问题有利于合作者之间的相互学习和模仿，从而有益于新知识在产品开发和生产中的应用。

因此，在相关文献分析的基础上，本书认为战略采购可以通过促进企业与供应商间的信任、信息共享和共同解决问题机制来影响制造企业技术能力。基于此，我们提出如下假设：

H_8：信任在战略采购正向作用于企业技术能力的过程中起到中介作用；

H_9：信息共享在战略采购正向作用于企业技术能力的过程中起到中介作用；

H_{10}：共同解决问题在战略采购正向作用于企业技术能力的过程中起到中介作用。

（五）技术学习的调节作用

随着技术的日益复杂多变，制造企业很少能够在每个关键技术领域保持自主创新能力。为了提升技术能力，企业必须主动开展系统的技术学习，不断提升企业在各个功能上的专业技能，通过不断深化技术知识，迅速开展创新活动，尽快推出创新成果。技术学习的最终结果是技术能力的提升。Jelinek 将技术学习定义为，是一个技术驱动型的企业基于某些隐性和显性资源来创造、更新和升级技术能力的过程。Lall 认为，技术学习通过投资和企业内部的技术努力获取技术能力的过程，其目的是提升企业技术能力。Teece 认为，技术学习是一个重复和试验以更好地完成任务的过程，在这一过程中可能会产生新的产品机会。Cohen 和 Levinthal 提出，技术学习具有两个显著的作用：一是产生新产品和新信息；二是提高探索现有信息并加以消化、吸收和利用的能力。Carayannis 指出，技术学习过程其实是一个组织性转化过程，需要企业整体整合能力的提升。Hobday 认为，技术学习是指组织利用内外部有利条件，以技术创新为目的，通过学习形成技术创新能力的过程。罗虎明和刘洪伟认为，技术学习过程的实质就是知识的流动—吸收—创新的过程，其最终结果是技术能力的提升。Kim 在对日韩企业进行研究后将技术学习定义为获取和消化现有知识并创造新知识的过程。谢伟认为，企业技术学习是指企业在外部市场环境、技术环境和制度环境的制约下，在内部技术基础和制度基础的支撑下，通过整合相关学习要素以获取各类知识并将其转化为核心能力的过程，且技术学习具有目的性、风险性、知识隐形、路径依赖性、复杂相关性和境内外机构互动性等相关特点。赵晓庆认为，技术学习是从企业外部知识环境中搜索和获取对企业有用的技术知识，进行消化吸收，并将其纳入自己的技术轨道和重建技术轨道，从而增强组织整体技术能力的过程。冯晓琦认为，技术学习是指企业利用各种知识来源形成技术能力的学习行为和学习过程。

在全球化不断深入的今天，技术与市场竞争的快速变化以及技术生命周期不断缩短，使企业所面临的环境日渐复杂且趋向多元化，企业必须通过持续有效的技术学习获取先进技术、改进管理能力来适应快速变迁的环境，并借以维持企业的竞争优势。优秀的企业总是能够通过创新网络不断吸纳各类知识，并在知识的转化与融合中不断更新自己的知识，从而形成持续的技术创新能力。技术能力的建立和提升是后发者从单纯获取外部知识和技能阶段，逐步过渡到开发和掌握新技术阶段有意识的发展过程。在技术能力的建立和提升过程中，企业内部的技术学习或努力发挥着基础性的作用。Kogut 和 Zander 认为，通过组织学习增加新技术（包括信息和技术诀窍）并与已有知识整合可以发现和创造技术机会并最终转化为市场机会，维持并实现企业技术能力。在技术学习过程中，如何将技术资源转化为的企业最终能力，需要经历选择、获取、消化、吸收和内化等一系列过程，技术获取、技术消化和技术开发在这个过程中起着决定性的作用，既影响了技术知识的获取效率，又决定了技术资源的利用效率。Figueiredo 认为，学习包含个人层次和组织层次两种类型，同时指出企业内部学习过程的差异性、强度、功能和交互作用等都会对企业技术能力产生影响。魏江等在研究中也指出，技术学习的目的是依据企业技术战略的指导实现企业技术能力的有效提升。

企业技术能力的提升必须有一个满足技术学习的环境，制造商与供应商由于相互作用所构成的网络有利于技术学习，网络为企业的技术学习提供了重要的知识来源。企业的技术能力需要通过长期的技术学习来获取，在持续变化的环境中，技术学习对企业技术能力的构建就显得尤为重要。企业可以通过开展持续系统的技术学习，不断深化技术知识以及提升企业的各项专业技能来获取企业技术能力的有效提升，同时越来越多的制造企业也意识到企业技术学习能力越强，企业新产品开发效果就越好，相应的企业供应链管理能力也更有效。因此，我们提出如下假设：

H_{11}：**制造企业技术学习能力越强，信任对企业技术能力影响越显著。**

H_{12}：**制造企业技术学习能力越强，信息共享对企业技术能力影响越显著。**

H_{13}：**制造企业技术学习能力越强，共同解决问题对企业技术能力影响越显著。**

现将本章提出的理论假设进行归纳，如表 5-6 所示：

表 5-6　研究假设汇总

序号	假设内容
H_1	战略采购对企业技术能力有显著正向影响
H_2	战略采购对信任有显著正向影响
H_3	战略采购对信息共享有显著正向影响

续表

序号	假设内容
H_4	战略采购对共同解决问题有显著正向影响
H_5	信任对企业技术能力有显著正向影响
H_6	信息共享对企业技术能力有显著正向影响
H_7	共同解决问题对企业技术能力有显著正向影响
H_8	信任在战略采购正向作用于企业技术能力的过程中起到中介作用
H_9	信息共享在战略采购正向作用于企业技术能力的过程中起到中介作用
H_{10}	共同解决问题在战略采购正向作用于企业技术能力的过程中起到中介作用
H_{11}	制造企业技术学习能力越强，信任对企业技术能力影响越显著
H_{12}	制造企业技术学习能力越强，信息共享对企业技术能力影响越显著
H_{13}	制造企业技术学习能力越强，共同解决问题对企业技术能力影响越显著

※ 核心提示

本章在第三章文献综述和第四章企业调研与探索性因素分析的基础上，进一步提出了研究的概念模型，用于分析战略采购对企业技术能力的作用机理，并根据概念模型提出了相关假设，为后续的统计分析和假设检验奠定了理论基础。首先，结合知识/资源观与网络理论，从理论上深入分析了基于网络关系互动与知识共享的企业技术能力提升机理；其次，在深度访谈和实地调研的基础上利用因子分析法对基于供应商网络的企业技术能力的影响因素进行了探索性研究，在实证研究的基础上提取了四个因子作为主要影响因素，并将其分别命名为供应商关系、供应商管理、组织情境、技术学习；最后，结合相关研究，在对四个因素的内涵进行剖析的基础上提出了战略采购对企业技术能力的影响路径。

第六章

CHAPTER SIX

创新模型评估：企业技术创新模型的测度

提高自主创新能力。一是要瞄准国际创新趋势、特点进行自主创新，使我国的自主创新站在国际技术发展前沿；二是要将优势资源整合聚集到战略目标上，力求在重点领域、关键技术上取得重大突破；三是进行多种模式的创新，既可以在优势领域进行原始创新，又可以对现有技术进行集成创新，还可以加强对引进技术的消化吸收再创新。

构建以企业为主体、市场为导向、产学研相结合的技术创新体系。首先，进一步确立企业的主体地位，让企业成为技术需求选择、技术项目确定、技术创新投入和创新成果产业化的主体。其次，高校、研发机构、中介机构以及政府、金融机构等应与企业一起构建分工协作、有机结合的创新链，形成有中国特色的协同创新体系。

加快科技体制机制改革创新。建立科技创新资源合理流动的体制机制，促进创新资源高效配置和综合集成；建立政府作用与市场机制有机结合的体制机制，让市场充分发挥基础性调节作用，政府充分发挥引导、调控、支持等作用；建立科技创新的协同机制，以解决科技资源配置过度行政化、封闭低效、研发和成果转化效率不高等问题；建立科学的创新评价机制，使科技人员的积极性、主动性和创造性充分发挥出来。

第一节　创新变量测量

为了提高战略采购、关系嵌入、企业技术能力等理论的现实指导性和易操作性，有必要建立具有较高信度和效度的测评体系，只有对活动过程进行有效的测量，才能对活动进行有效的管理从而科学地指导企业的实践。

对变量的测量主要包含两个方面，一是如何获取变量指标的方法，二是对所选取的变量进行操作化定义。祝道松（2005）指出，测量指标的形成是将所选取的变量通过转化成不同维度来降低所测变量的抽象程度，再将其转换成更易观察、更易测量的要素。实证研究的可靠性和有效性通过对变量的测量来决定，首先需要对所选取的变量进行操作化定义。

本书所使用的测量变量的指标将通过以下三种方式获取：首先，通过对已有的研究成果进行归纳总结，引用与研究相关且已证实是有效的、具有普遍性的测量指标；其次，通过对相关研究成果的借鉴，对与本书相关的文献和成果进行适当的调整，转换成适合本研究的测量指标；最后，通过理论与实践相互结合的方法，利用实地访谈的结果对指标进行相关调整和补充，从而使所选取的测量指标尽可能与我国制造企业的实际情况相符。

一、变量测量指标的获取方法

量表的生成质量对研究的可靠性和有效性有很大影响，而所选取的测量指标和问卷构建的好坏对量表的生成质量有直接影响。因此，我们有必要采取科学的方法来获取。由于我国特有的社会文化背景和竞争环境与国外企业有很大的差距，因此，在指标体系的选择上不能完全照搬国外的指标结构，应该结合我国制造企业的实际，在引用已有研究成果和借鉴相关研究成果的基础上形成战略采购对企业技术能力影响的调查问卷。

二、变量的操作化定义

本书主要包含四个基本变量，即战略采购、关系嵌入、技术学习和企业技术能力。在企业的管理实践中，这四个基本变量是不可观测的潜变量，因此需要利用可以观测的细分指标将其转换为显变量，通过这些显变量来获得可以进行统计分析的数据。本书在借鉴前人研究成果的基础上，结合企业实际和访谈中听取的专家意见，首先对变量进行操作化定义，然后将其转化为可以测量的要素，形成实证研究所需的测量指标。

（一）战略采购的操作化定义

战略采购是本书的关注焦点，第四章已经对战略采购的维度进行了探索性研究，本章直接引用第四章的研究结果。战略采购的操作化定义如表 6－1 所示。

表 6－1　战略采购的操作化定义

变量	维度	题项	文献作者
战略采购	采购的战略评估	高层管理人员认为采购职能具有战略角色	Narasimhan 和 Das（1999） Canan 和 Nallan（2006） Chan 等（2007）
		采购部门与其他部门具有同等重要的地位	

续表

变量	维度	题项	文献作者
战略采购	内部整合	采购参与企业战略水平的合作计划	Narasimhan 和 Das（1999a，1999b） Canan 和 Nallan（2006）
		采购部门与其他部门间沟通频繁	
		采购是企业跨职能团队中的一员	
		采购参与并行工程团队	
	供应商参与	采购经理接受跨职能培训	Narasimhan 和 Das（1999） De Toni 和 Nassimbeni（1999） Canan 和 Nallan（2006）
		与供应商共同解决问题	
		供应商参与企业的新产品开发	
	长期关系	供应商参与企业的持续改进项目中	Das 和 Narasimhan（2000） Shin 等（2000） Carr 和 Pearson（2002）
		企业与供应商相互信任	
		高层管理者对关系发展的承诺	
		对供应商进行技术帮助	
		培训供应商	

（二）关系嵌入的操作化定义

关系嵌入主要关注以直接联结为纽带的二元交易关系，反映了交易双方相互理解、信任和承诺的程度。MeEvily 和 Marcus 认为关系嵌入性包括信任、优质信息共享和共同解决问题的安排。Gulati 和 Syteh 认为关系嵌入性包括共同行动、信任以及信息交换的质量和范围三个要素。本书衡量关系嵌入的量表体系主要根据 MeEvily 和 Marcus 与 Gulati 和 Syteh 所发展的量表修正而来，包含 3 个维度 11 个题项。信任反映了合作伙伴与企业的公平交易情况，本书选择误导行为、信守承诺、利用弱点、实事求是 4 个题项来测度组织间的信任。信息共享是指合作双方超越合同与协议规定而主动交换对双方都有利的信息的程度，可以用提供信息、频繁交换、提醒变化和分享规划这 4 个题项来度量企业与供应商间的信息共享程度。共同解决问题表征了合作双方在合作过程中共同攻克难题以及愿意为维系合作关系做出适当性调整，用共同完成任务、协作克服困难、帮助解决问题 3 个题项来度量。具体如表 6－2 所示。

表 6－2　关系嵌入的操作化定义

变量	维度	题项	文献作者
关系嵌入	信任	供应商与企业合作时能做到实事求是	Heide 和 Miner（1992） McEvily 和 Marcus（2005） Gulati 和 Sytch（2007）
		供应商与企业都能信守承诺	
		供应商没有误导企业的行为	
		供应商不会利用企业的弱点来获取不当收益	
	信息共享	供应商与企业信息交换频繁，而非局限于既定的协议	
		供应商与企业相互提醒可能存在的问题和变化	
		供应商与企业能尽可能地相互提供所需要的信息	
		供应商与企业能分享其未来的发展规划	
	共同解决问题	供应商与企业共同负责完成任务	
		供应商与企业相互帮忙解决对方的问题	
		供应商与企业能共同协作克服困难	

（三）技术学习的操作化定义

本书用技术学习过程的三个阶段：技术获取、技术吸收和技术开发水平来测量企业的技术学习，其操作化定义具体如表 6－3 所示。

表 6－3　技术学习的操作化定义

<table>
<tr><th>变量</th><th>维度</th><th>题项</th><th>文献作者</th></tr>
<tr><td rowspan="13">技术学习</td><td rowspan="5">技术获取</td><td>企业能迅速感知技术市场、行业变化</td><td rowspan="13">Leoarnd－Barton（1995）
Smith（1995）
魏江（2003）
实地调研

Cohen 和 Levinthal（1990）
Grant（1996）
Zahra 和
George（2002）

Boer 等（1991）
Kogut 和 Zander（1992）
Teece 等（1997）</td></tr>
<tr><td>企业能够很快从外部获取生产运作技术</td></tr>
<tr><td>企业能够很快从外部获取市场开发技术</td></tr>
<tr><td>企业能够很快从外部获取研发技能</td></tr>
<tr><td>企业能够很快从外部获取新专利</td></tr>
<tr><td rowspan="4">技术吸收</td><td>企业能及时、准确地发现自身潜在的技术优势</td></tr>
<tr><td>企业能及时、准确地评估从外部获取技术知识的价值</td></tr>
<tr><td>企业能及时、准确地识别新获取技术知识与现有技术区别</td></tr>
<tr><td>企业对引进技术知识进行局部修改的能力强</td></tr>
<tr><td rowspan="4">技术开发</td><td>企业将已吸收的技术知识修订质量控制操作的速度</td></tr>
<tr><td>企业将已吸收技术知识与企业已有技术融合的速度</td></tr>
<tr><td>企业将已吸收技术知识引入工艺创新的速度</td></tr>
<tr><td>企业将已吸收技术知识进行新产品开发的速度</td></tr>
</table>

（四）技术能力的操作化定义

魏江将技术能力定义为：企业为支持技术创新的实现，附着在内部人员、设备、信息和组织中的所有内在知识存量的总和。这个概念主要包含两个层次，一是企业技术能力的本质是知识；二是企业技术能力的载体是企业内部的人员、设备、信息和组织自身。由于企业技术能力的强弱可以通过技术创新反映出来，因此，本书中关于技术能力的量表借用了 Castaldi 等的研究，用采购对企业创新的贡献来衡量企业战略采购的实施对企业技术能力的发展所带来的变化，主要用以区别企业其他行为所带来的技术能力的变化，具体如表 6－4 所示。

表 6-4　技术能力的操作化定义

变量	题项	文献作者
技术能力	采购产生新的产品想法的比例	McGinnis 和 Vallopra（1999） Nijssen 等（2002） Castaldi 等（2011）
	采购在生产中促进产品/部件标准化/简单化的程度	
	采购决定供应商参与新产品的时间和模式	
	采购为新产品开发或过程创新来寻求新的供应商和新技术	
	采购直接参与新产品开发	
	采购直接参与过程提升	
	采购直接启动创新项目	

第二节　数据收集和样本分析

一、问卷设计

一般来说，问卷的设计主要包括内容、问答方式，以及测量变量的指标选择等问题。问卷设计必须遵循科学、有效的原则。

（一）初始问卷的生成

问卷内容主要包括五个部分：①企业即被调查者概况，主要为后期描述性统计分析提供数据支撑；②企业战略采购的实施情况；③实施战略采购后企业与供应商的关系；④企业的技术学习情况；⑤企业实施战略采购后技术能力的现状。

由于问卷测量指标的选取直接关系变量测量的有效性和可靠性，因此，本书主要从以下三个方面来确定问卷的测量指标：①参考国内外研究成果并直接引用；②结合企业背景进行调研，形成初始量表；③通过专家访谈，修正初始量表编制预问卷。

设计问卷时，问卷的长度对问卷的反馈率有重要影响，问卷越长，回收率越低，因此，在构建指标数目时应尽可能地少，但必须大于3。变量的测量采用李克特5级量表，因为随着分点数的增加，问卷的可靠性也是逐渐增加的，但是当高于5时，其可靠性的增加比率相对较小。问卷中量表、指标的排列顺序遵循逻辑顺序，便于问答人员填写。

（二）正式问卷的生成

在陕西省内选取21家制造企业作为小样本进行初始问卷测试。基于对初始问卷题项的项目分析以检测其临界比率值，用以确定不同受试者对题项的反应程度。问卷的调查数据主要分为高、低两组，采用独立样本t检验来检验不同受试者在同一提项上所表现出来的差异，其中对那些没有达到显著性水平的，即对受试者的反应程度无法响应的题项予以删除，由此形成可用于大样本调查的正式问卷。

研究样本主要选自国内实施战略采购的制造企业，调查对象包括企业中的高层管理人员、部门经理、采购人员和研发人员等。为了使本书的研究结论更具普遍性，文中选取了不同性质的企业，其中包括国有企业、合资企业、民营企业、外资企业等。所涉及的具体行业包括：汽车制造、重型机械制造、电子及通信设备制造、仪器仪表等制造企业。问卷发放主要分布在我国中、东、西部地区。研究数据主要通过随机现场发放问卷、电子邮件和邮递三种形式获取。

二、数据分析的步骤与方法

准确并且有效的数据分析方法对于实证研究至关重要，如果数据分析方法不符合研究内容，将很难构建恰当的概念模型来进行研究假设验证。本书采用SPSS 11.5作为描述性统计和信度分析的工具，利用A-MOS 5.0来进行结构方程模型和验证性因子分析。本书实证分析的步骤与方法具体描述如下：

（一）描述性统计分析

对调查问卷的基本性质进行统计描述，即所谓的描述性统计分析，主要包括企业性质、行业类型、问卷填写人员的基本情况，用以显示问卷样本的代表性是否符合预期要求。

（二）量表的信度分析

对于调查问卷中量表的内部一致性的分析即量表的信度分析，这种内部一致性分析的好坏程度对研究结果的质量有重大影响。本书以信度系数 Cronbach α 值来衡量量表的内部一致性。

（三）验证性因子分析

本书使用 AMOS 5.0 来进行验证性因子分析，用以检验样本数据的效度。验证性因子分析主要用来检验因子各维度的收敛效度和建构效度，它可以反映因子与其测量指标之间的关系。

（四）结构方程模型

结构方程模型中包含两个基本模型：测量模型和结构模型，对于变量和指标的直接关系可以用测量模型来描述，对于潜变量之间的关系则用结构模型来描述。使用 AMOS 5.0 来构建战略采购对企业技术能力影响的结构方程模型，用以推算潜变量之间及潜变量与观测变量之间的路径系数从而来验证假设。

对于评价模型的拟合指标主要通过以下几个方面来实现：

（1）卡方检验值（Chi - square Test，χ^2）和自由度（df）：模型的拟合度的好坏通过卡方检定值和自由度比值的范围而定，标准的 χ^2/df 比值是介于 1 ~3。

（2）对于理论和观测共变结构中的变异量和共变量来说，利用拟合优度指数来衡量；标准拟合度指数反映了设定模型与独立模型的改善“增量”关系；通过与独立模型相比较而得出的拟合程度好坏的评价，用比较拟合指数。拟合优度指数（GFI）、调整拟合优度指数（AGFI）、标准拟合度指数（NFI）、非标准拟和指数（NNFI，TLI）、比较拟合指数（CFI）的值越接近1，表明整体模型拟合得越好，一般来讲，这些指标值应大于0.8，通常较为理想的GFI值应该大于0.85。

（3）估计误差均方根（RMSEA）：对于估计误差均方根来说，RMSEA <0.05，表示理论模型可以接受，属于“良好适配”；0.05 < RMSEA <0.08，属于“不错适配”；0.08 < RMSEA < 0.10，属于“中度适配”；RMSEA >0.10，则属于“不良适配”。

（五）调节效应的检验

本书的概念模型和研究假设中涉及技术学习的调节效应，因此有必要对调节效应的作用机理进行简单的介绍。图6－1（a）表明了调节效应及调节变量与自变量、因变量之间的关系，即自变量X与因变量Y间本身存在关系，但这个关系受到调节变量M的影响。图6－1（b）则反映了验证调节效应的基本原理，将图6－1（a）中的调节效应可以转化为图6－1（b）中三条直接作用于因变量Y的路径，这三条路径分别为：自变量X（路径a）、调节变量M（路径b），以及两者的交互效应（路径c）。如果交互效应（路径c）是显著的，就可以证明调节效应的存在。

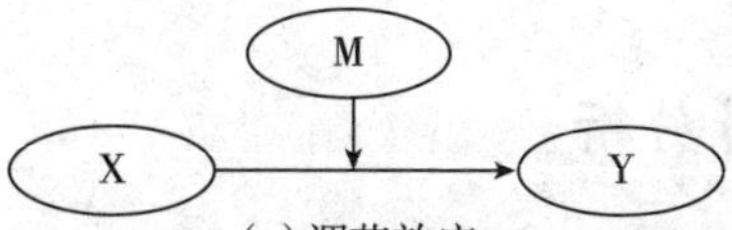

(a) 调节效应

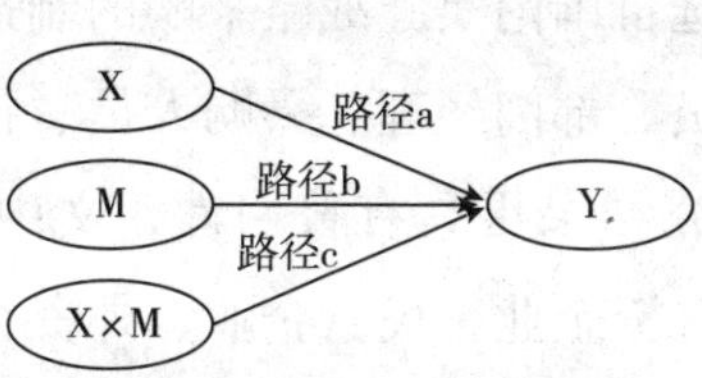

(b) 调节效应的基本原理

图6－1 调节效应及验证的基本原理

（六）中介效应的分析框架

图6－2表示的是一个包含了中介效应的基本的因果关系链。这个模型假设系统中有三个变量：自变量X、因变量Y和中介变量M。它们之间有三条因果路径，其中两条对因变量产生影响：一条是自变量直接影响因变量（路径c），另一条是中介变量影响因变量（路径b）；此外，还有一条是从自变量指向中介变量的（路径a）。如果一个变量满足以下条件，就说明它起到了中介变量的作用：①自变量的变化能够显著解释中介变量的变化（路径a）；②中介变量的变化能够显著解释因变量的变化（路径b）；③当控制路径a和路径b时，自变量与因变量之间在之前所表现出的显著作用（路径c）不再存在或者减少时，我们就说M在X和Y间起到了中介效应。

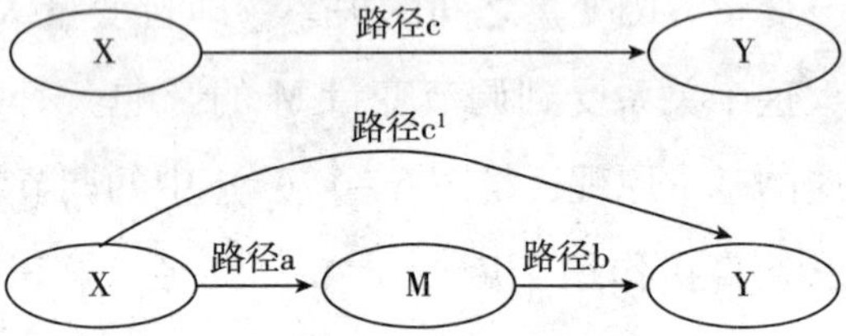

图6－2　中介效应中的因果关系链

三、描述性统计分析

本书的研究样本选自国内实施战略采购的制造企业，调查对象包括企业中的高层管理人员、部门经理、采购人员、技术管理人员、研发人员等。为了使本书研究结果更具有普遍性，文中选取了不同性质的企业，包括国有企业、合资企业、民营企业、外资企业等。所涉及的具体行业包括：汽车制造、重型机械制造、电子及通信设备制造、仪器仪表等制造企业。问卷发放主要分布在我国中、东、西部地区。数据获取主要采取随机现场发放、电子邮件和邮递三种形式。实地调研过程中，共发放问卷486份，回收420份，其中有效问卷394份，问卷回复率为86.4%，有效率为93.8%。通过SPSS 11.5对回收问卷进行描述性统计分析，首先对样本的基本资料进行统计分析，通过各变量的平均数、百分比等来描述样本的类别、特征及比例分配情况。具体结果如下：

（一）受试人员的基本情况

受试人员的基本特征包括学历、工作年限、工作职务三个方面。从表6-5中可以看出，受试人员为本科及以上学历占93.9%，大专学历占32.3%，涉及战略采购和企业供应链管理实践的人员一般学历都较高，本调查问卷中受试人员高学历层次所占比例较大，符合研究的特点。研究过程中将受试人员限定在与企业实施战略采购有密切联系的企业高层管理人员、采购人员与研发人员这三类员工中，由分析结果可以看出，这三个部门人员的比例占到总体受试者的75.6%。由于企业的新产品开发周期一般较长，企业实施战略采购对企业技术能力的影响是长期效果，因此，针对此调研的科学合理性，受试人员在企业中应当达到一定的工作年限，一般选择在企业工作5年以上的员工，本次调研中具有5~10年工作经验的受试人员占29.7%，11~15年占41.6%，16~20年占23.6%，符合研究的要求。

表6-5　问卷受试人员特征及分布

受试者特征		人次（人）	占比（%）	累积百分比（%）
学历	大专	127	32.2	32.3
	本科	243	61.7	93.9
	硕士及以上	24	6.1	100.0
	合计	394	100.0	
工作年限	5~10年	117	29.7	29.7
	11~15年	164	41.6	71.3
	16~20年	93	23.6	94.9
	20年以上	20	5.1	100.0
	合计	394	100.0	

续表

受试者特征		人次（人）	占比（%）	累积百分比（%）
工作职务	企业高管	34	8.6	8.6
	部门经理	96	24.4	33.0
	采购人员	179	45.4	78.4
	研发人员	85	21.6	100.0
	合计	394	100.0	

（二）被调查企业的基本情况

被调查企业的特征主要包括企业性质、企业规模和行业类型三个部分，具体分布见表6-6。从受调查企业性质来看，国有企业占43.9%、外资企业占35.3%、合资企业占11.4%，民营企业占8.4%，其他占1.0%。在被调查企业所属的行业类型中，汽车制造占17.3%，重型机械制造类占23.3%，电子及通信设备制造占31.2%，仪器仪表制造类占22.6%，可见各种行业类型所占比例差别不大，结构比较合理，具有一定的普遍性。

表6-6　问卷受试人员所在企业特征及分布

		人次（人）	占比（%）	累积百分比（%）
企业性质	国有企业	173	43.9	43.9
	外资企业	139	35.3	79.2
	合资企业	45	11.4	90.6
	民营企业	33	8.4	99.0
	其他	4	1.0	100.0
	合计	394	100.0	
企业规模	500人以下	183	46.4	46.4
	500~1500人	94	23.9	70.3
	1500~2000人	62	15.7	86.0
	2000人以上	55	14.0	100.0
	合计	394	100.0	

续表

		人次（人）	占比（%）	累积百分比（%）
行业类型	汽车制造	68	17.3	17.3
	重型机械制造	92	23.3	40.6
	电子及通信设备制造	123	31.2	71.8
	仪器仪表制造	89	22.6	94.4
	其他	22	5.6	100.0
	合计	394	100.0	

第三节　测量结果评估

一、量表的信度分析

本书用SPSS 11.5对样本进行克隆巴赫系数（Cronbach's α）分析。克隆巴赫系数是用来检测信度最常用的一种方法，即对在同一维度下的变量间和量表整体间的一致性的测量。通常来讲，当科隆巴赫系数值大于0.6时，表明量表的信度是可以接受的；当克隆巴赫系数的值大于0.7时，表示量表的信度是较高的。对于本研究量表的信度检验结果如表6-7所示，量表整体的克隆巴赫系数值都大于0.7，表明量表具有较高的信度。

表6-7　量表信度检验结果

变量	维度	题项数	克隆巴赫系数	量表整体克隆巴赫系数
战略采购（SP）	采购的战略地位（SP1）	4	0.597	0.681
	内部整合（SP2）	3	0.563	
	长期关系（SP3）	4	0.655	
	供应商参与（SP4）	3	0.646	

续表

变量	维度	题项数	克隆巴赫系数	量表整体克隆巴赫系数
信任（RE1）	无误导行为（RE11）	4	0.654	0.751
	求是谈判（RE12）		0.626	
	信守承诺（RE13）		0.699	
	不利用弱点（RE14）		0.769	
信息共享（RE2）	提供信息（RE21）	4	0.639	0.662
	相互提醒（RE22）		0.561	
	分享计划（RE23）		0.571	
	信息交换频繁（RE24）		0.609	
共同解决问题（RS3）	共同负责（RE31）	3	0.533	0.737
	互相帮助（RE32）		0.652	
	共攻难题（RE33）		0.747	
技术学习（TL）	技术获取（TL1）	5	0.807	0.938
	技术吸收（TL2）	4	0.864	
	技术开发（TL3）	4	0.873	
企业技术能力（TC）	产品新想法（TC1）	7	0.807	0.914
	促进产品/部件标准化/简单化（TC2）		0.864	
	决定供应商参与时间和模式（TC3）		0.873	
	寻求供应商和新技术（TC4）		0.872	
	直接参与新产品开发（TC5）		0.817	
	直接参与过程提升（TC6）		0.792	
	直接启动创新项目（TC7）		0.636	

二、量表的效度分析

本书使用 AMOS 5.0 来进行验证性因子分析，对文中所涉及的四个主要潜变量（战略采购、关系嵌入、技术学习和企业技术能力）的结构方程测量模型分别进行拟合度检验，用以评价模型的构建效度和收敛效度。

(一) 战略采购的验证性因子分析

战略采购由采购的地位、长期关系、内部整合和供应商早期参与四个因子构成，本书第三章已对此进行了探索性研究。用 AMOS 5.0 对战略采购进行验证性因子分析，结果如图 6－3 和表 6－8 所示。

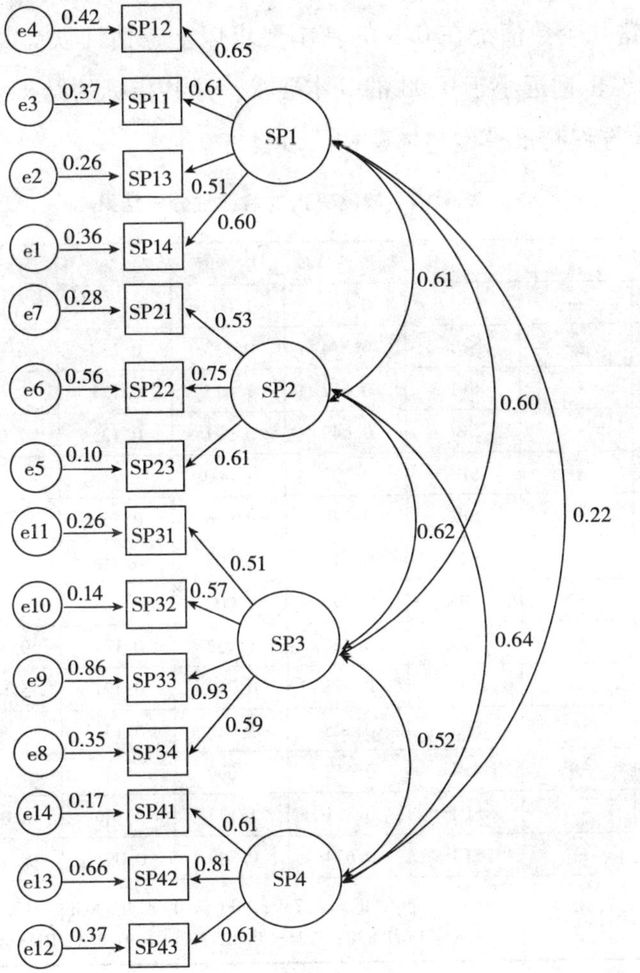

图 6－3　战略采购的验证性因子分析

如图 6－3 所示，战略采购各个观测变量的标准化路径系数值都在 0.5 以上，而且 P 值都在 0.01 以下 (P＜0.01)，这说明战略采购的各个要素的观测变量的路径系数都在0.01的水平上显著，因此战略采购的结构方程测量模型具有良好的收敛效度。

验证性因子分析的拟合度指标值见表6-8，通过模型的拟合指标可以看出，卡方检验值和自由度的比值等于2.789，满足$1<\chi^2/df<3$的要求，GFI=0.814，AGFI=0.892，NFI=0.870，TLI=0.825，CFI=0.814，这几个数值都在0.8的基本要求以上，估计误差均方根的值等于0.062，也远远小于0.08的基本要求。这些指标的结果表明，战略采购的结构方程测量模型整体建构效度良好。

表6-8 战略采购的验证性分析结果

			标准估计值	估计值	S. E.	C. R.	P
SP14	←	SP1	0.602	1.000			
SP13	←	SP1	0.514	0.913	0.133	6.855	***
SP11	←	SP1	0.612	1.011	0.131	7.698	***
SP12	←	SP1	0.649	0.991	0.125	7.951	***
SP23	←	SP2	0.609	1.000			
SP22	←	SP2	0.748	2.616	0.569	4.601	***
SP21	←	SP2	0.527	1.808	0.415	4.359	***
SP34	←	SP3	0.590	1.000			
SP33	←	SP3	0.926	1.952	0.197	9.898	***
SP32	←	SP3	0.573	0.710	0.121	5.874	***
SP31	←	SP3	0.505	1.018	0.133	7.628	***
SP43	←	SP4	0.612	1.000			
SP42	←	SP4	0.811	1.173	0.146	8.048	***
SP41	←	SP4	0.614	0.739	0.091	5.946	***
拟合度统计值		$\chi^2/df=2.789$；GFI=0.814；AGFI=0.892；NFI=0.870；TLI=0.825；CFI=0.814；RMSEA=0.062					

（二）关系嵌入的验证性因子分析

关系嵌入包括信任、信息共享和共同解决问题三个因子。信任包括误导行为、信守承诺、利用弱点、实事求是四个题项；信息共享由提供信息、频繁交换、提醒变化和分享规划四个题项来度量；共同解决问题由共同完成任务、协作克服困难、帮助解决问题三个题项来反映。图6－4和表6－9是使用AMOS 5.0对关系嵌入进行验证性因子分析所得的结果。结果表明关系嵌入各个观测变量的标准化路径系数值（见图6－4）均符合大于0.5的要求，模型中各因子的观测变量的标准载荷系数也都在0.01水平上显著，可见，关系嵌入的结构方程测量模型具有良好的收敛效度。

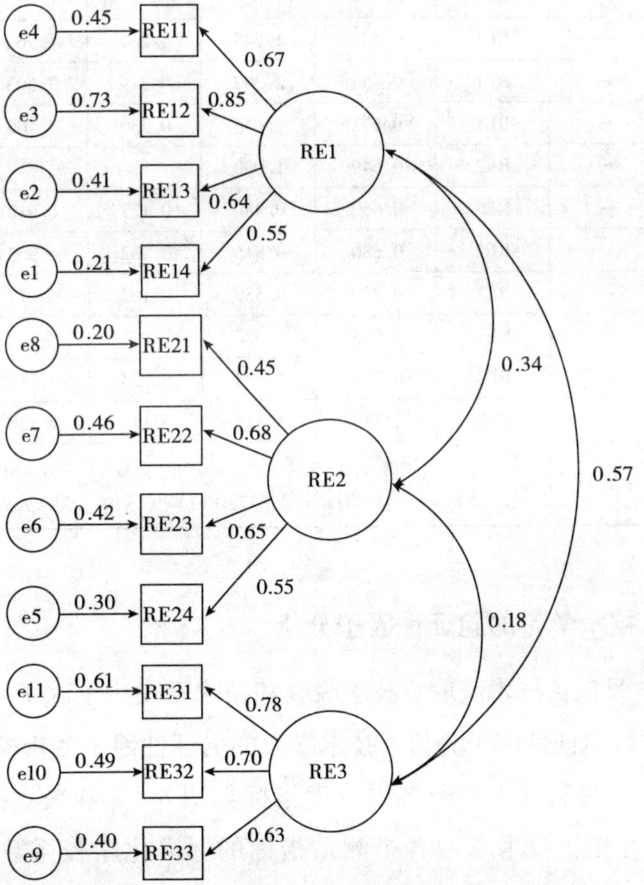

图6－4　关系嵌入的验证性因子分析

从模型的拟合度统计指标值来看（见表6－9），卡方检验值和自由度的比值等于2.272，满足了 $1 < \chi^2/df < 3$ 的要求，GFI = 0.897，AGFI = 0.834，NFI = 0.878，TLI = 0.857，CFI = 0.819，这几个数值都在0.8的基本要求以上，估计误差均方根的值等于0.076，也远远小于0.08的基本要求。这些指标结果表明，关系嵌入的结构方程测量模型整体建构效度良好。

表6－9　关系嵌入的验证性分析结果

			标准估计值	估计值	S. E.	C. R.	P
RE14	←	RE1	0.554	1.000			
RE13	←	RE1	0.639	1.648	0.237	6.962	***
RE12	←	RE1	0.854	2.392	0.319	7.503	***
RE11	←	RE1	0.671	1.635	0.230	7.106	***
RE24	←	RE2	0.549	1.000			
RE23	←	RE2	0.650	0.880	0.127	6.918	***
RE22	←	RE2	0.680	0.916	0.132	6.963	***
RE21	←	RE2	0.450	0.580	0.102	5.677	***
RE33	←	RE3	0.633	1.000			
RE32	←	RE3	0.701	1.135	0.124	9.119	***
RE31	←	RE3	0.780	1.314	0.141	9.320	***
拟合度统计值			χ^2/df = 2.272；GFI = 0.897；AGFI = 0.834；NFI = 0.878；TLI = 0.857；CFI = 0.819；RMSEA = 0.076				

（三）技术学习的验证性因子分析

技术学习包含技术获取、技术吸收和技术开发三个因子。用AMOS 5.0对其进行验证性因子分析。技术学习的验证性因子分析模型的标准化路径系数、显著性水平及各拟合度指标如图6－5和表6－10所示。由图6－5可知，技术学习各个测量指标的标准化路径系数值均大于0.5，模型中各因子的观测变量的标准载荷系数也都在0.01水平上显著，表明技术学习的结构方程测量模型具有良好的收敛效度。

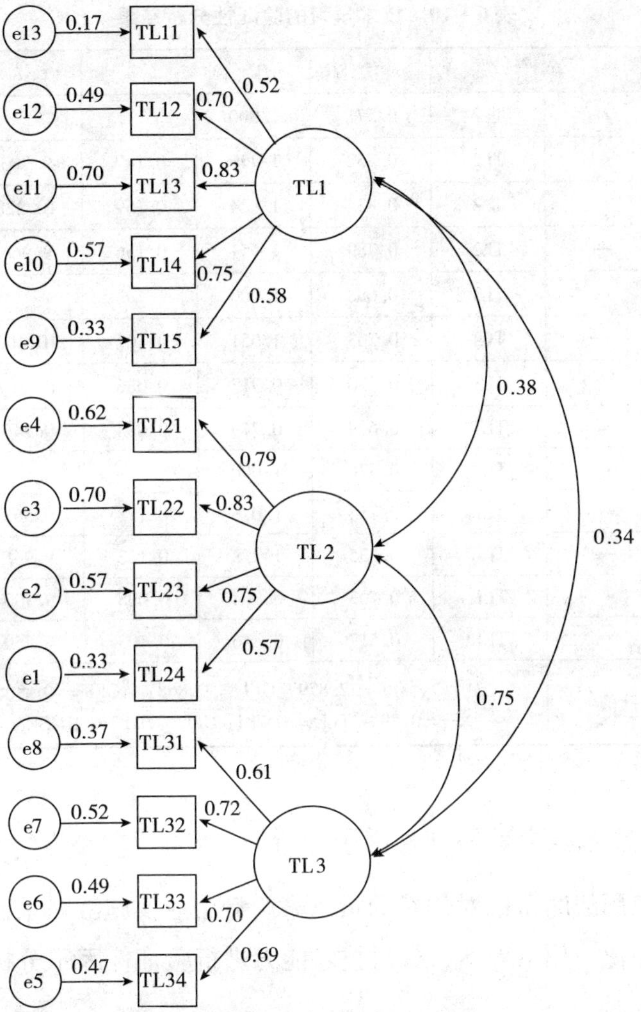

图6－5　技术学习的验证性因子分析

从模型的拟合度统计值来看（见表6－10），卡方检验值和自由度的比值等于2.879，满足$1<\chi^2/df<3$的要求，GFI＝0.868，AGFI＝0.806，NFI＝0.799，TLI＝0.781，CFI＝0.826，这几个数值都在0.8的基本要求以上，估计误差均方根的值等于0.064，也远远小于0.08的基本要求，可见技术学习的结构方程测量模型的整体建构效度良好。

表6－10　技术学习的验证性分析结果

			标准估计值	估计值	S. E.	C. R.	P
TL24	←	TL2	0.571	1.000			
TL23	←	TL2	0.752	1.429	0.147	9.703	* * *
TL22	←	TL2	0.834	1.624	0.159	10.228	* * *
TL21	←	TL2	0.789	1.551	0.156	9.966	* * *
TL34	←	TL3	0.688	1.000			
TL33	←	TL3	0.703	1.051	0.101	10.402	* * *
TL32	←	TL3	0.720	0.913	0.086	10.582	* * *
TL31	←	TL3	0.609	0.779	0.084	9.246	* * *
TL15	←	TL1	0.576	1.000			
TL14	←	TL1	0.754	1.076	0.113	9.565	* * *
TL13	←	TL1	0.835	1.228	0.123	9.965	* * *
TL12	←	TL1	0.703	0.904	0.098	9.190	* * *
TL11	←	TL1	0.517	0.846	0.103	6.260	* * *
拟合度统计值		χ^2/df = 2.879；GFI = 0.868；AGFI = 0.806；NFI = 0.799；TLI = 0.781；CFI = 0.826；RMSEA = 0.064					

（四）技术能力的验证性因子分析

本书使用战略采购对创新的贡献来衡量企业实施战略采购后企业技术能力的变化，用 AMOS 5.0 对技术能力进行验证性因子分析，结果如图6－6所示。

由图6－6可知，企业技术能力各个测量指标的标准化路径系数值均大于0.5，模型中各因子的观测变量的标准载荷系数也都在0.01水平上显著，表明企业技术能力的结构方程测量模型具有良好的收敛效度。

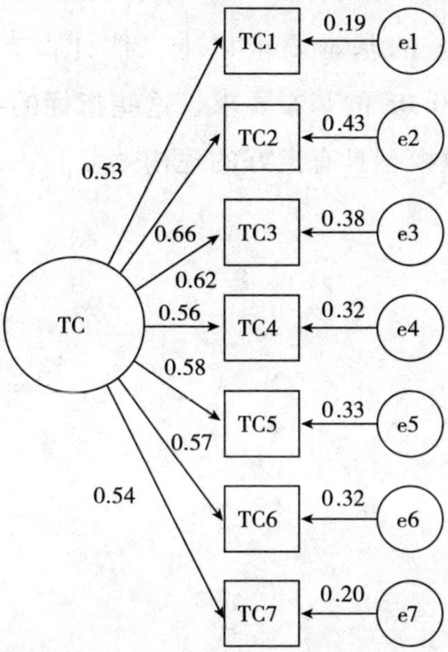

图 6－6　技术能力的验证性因子分析

表 6－11　技术能力的验证性分析结果

			标准估计值	估计值	S. E.	C. R.	P
TC1	←	TC	0. 531	1. 000			
TC2	←	TC	0. 657	1. 256	0. 199	6. 323	* * *
TC3	←	TC	0. 618	1. 274	0. 206	6. 188	* * *
TC4	←	TC	0. 562	1. 161	0. 195	5. 947	* * *
TC5	←	TC	0. 577	1. 180	0. 196	6. 016	* * *
TC6	←	TC	0. 568	1. 095	0. 183	5. 974	* * *
TC7	←	TC	0. 544	0. 838	0. 159	5. 275	* * *
拟合度统计值		χ^2/df = 2. 136；GFI = 0. 824；AGFI = 0. 867；NFI＝0. 792；TLI = 0. 819；CFI = 0. 813；RMSEA＝0. 069					

技术能力的验证性因子分析模型的标准化路径系数、显著性水平及各拟合度指标如表 6－11 所示。从模型的拟合度指标统计值来看，卡方检验值和自由度的比值等于 2. 136，满足 $1 < \chi^2/df < 3$ 的要求，

GFI = 0.824，AGFI = 0.867，NFI = 0.792，TLI = 0.819，CFI = 0.813，这几个数值都在 0.8 的基本要求以上，估计误差均方根的值等于 0.069，也远远小于 0.08 的基本要求，这些指标的结果表明企业技术能力的结构方程测量模型具有良好的建构效度。

第七章

CHAPTER SEVEN

实证创新：企业技术创新模型的实证检验

国务院总理李克强在2016年政府工作报告中指出：要充分释放全社会创业创新潜能，着力实施创新驱动发展战略，促进科技与经济深度融合，提高实体经济的整体素质和竞争力。

一是强化企业创新主体地位。落实企业研发费用加计扣除，完善高新技术企业、科技企业孵化器等税收优惠政策。支持行业领军企业建设高水平研发机构。加快将国家自主创新示范区试点政策推广到全国，再建设一批国家自主创新示范区、高新区，建设全面创新改革试验区。

二是发挥大众创业、万众创新和“互联网+”集众智汇众力的乘数效应。打造众创、众包、众扶、众筹平台，构建大中小企业、高校、科研机构、创客多方协同的新型创业创新机制。建设一批“双创”示范基地，培育创业服务业，发展天使、创业、产业等投资。支持分享经济发展，提高资源利用效率，让更多人参与进来、富裕起来。实施更积极、更开放、更有效的人才引进政策。加强知识产权保护和运用，依法严厉打击侵犯知识产权和制假售假行为。

三是深化科技管理体制改革。扩大高校和科研院所自主权，砍掉科研管理中的繁文缛节。实施支持科技成果转移转化的政策措施，完善股权期权税收优惠政策和分红奖励办法，鼓励科研人员创业创新。大力弘扬创新文化，厚植创新沃土，营造敢为人先、宽容失败的良好氛围，充分激发企业家精神，调动全社会创业创新积极性，汇聚成推动发展的磅礴力量。

本章将检验本书中所涉及的三种关系效应，分别包括：第一，战略采购对企业技术能力影响的主效应；第二，关系嵌入在战略采购作用于企业技术能力过程中的中介效应；第三，技术学习对战略采购与企业技术能力影响关系的调节效应。用 AMOS 5.0 来验证战略采购与企业技术能力关系的整体结构模型，用 SPSS 11.5 来分析关系嵌入的中介效应及技术学习调节效应。

第一节 战略采购与企业技术能力基本模型的实证检验

本书利用 AMOS 5.0 构建战略采购与企业技术能力间影响关系的结构方程模型（SEM），通过验证模型的拟合程度，对关系模型进行假设检验和路径分析，结果如图 7－1 所示。

由图 7－1 可知，战略采购、信任、信息共享、共同解决问题、企业技术能力五个变量的标准化载荷系数估计值均符合要求，且 P 值均小于 0.01，表明各变量的标准化路径系数均在 0.01 水平上显著。模型的拟合度指标值如表 7－1 所示，从模型的拟合度统计值来看，卡方检验值和自由度的比值等于 2.204，满足 $1<\chi^2/df<3$ 的要求，GFI = 0.876，AGFI = 0.865，NFI = 0.872，TLI = 0.863，CFI = 0.818，这几个数值都在 0.8 的基本要求以上，估计误差均方根的值等于 0.072，也远远小于 0.08 的

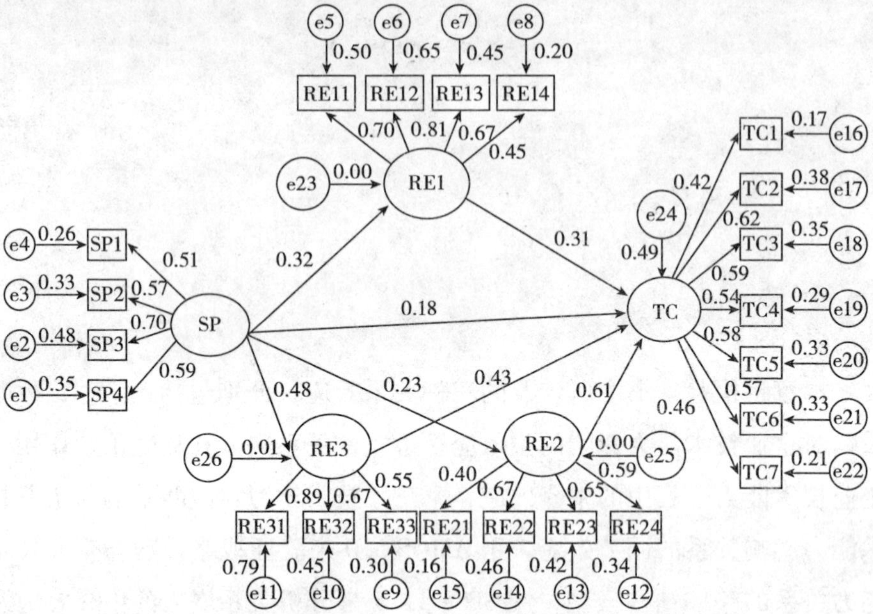

图 7－1　结构方程模型实证分析数据

基本要求。可见，战略采购与企业技术能力影响关系的结构模型具有良好的收敛效度和建构效度，所有研究假设均得证。

表 7－1　结构方程模型分析结果统计

			标准估计值	估计值	S. E.	C. R.	P
RE1	←	SP	0. 319	0. 009	0. 036	0. 257	0. 007
RE3	←	SP	0. 477	0. 028	0. 027	1. 040	* * *
RE2	←	SP	0. 229	0. 015	0. 040	0. 362	* * *
TC	←	SP	0. 177	0. 044	0. 018	2. 367	0. 018
TC	←	RE3	0. 426	0. 018	0. 042	0. 426	0. 043
TC	←	REI	0. 307	0. 158	0. 040	3. 960	* * *
TC	←	RE2	0. 609	0. 300	0. 060	5. 034	* * *
SP4	←	SP	0. 589	1. 000			
SP3	←	SP	0. 696	1. 436	0. 200	7. 162	* * *
SP2	←	SP	0. 575	0. 919	0. 135	6. 818	* * *
SP1	←	SP	0. 509	1. 026	0. 162	6. 343	* * *

续表

			标准估计值	估计值	S. E.	C. R.	P
RE11	←	RE1	0. 704	1. 000			
RE12	←	RE1	0. 806	1. 317	0. 125	10. 575	***
RE13	←	RE1	0. 671	1. 009	0. 102	9. 908	***
RE14	←	RE1	0. 453	0. 581	0. 083	7. 003	***
RE33	←	RE3	0. 546	1. 000			
RE32	←	RE3	0. 669	1. 255	0. 150	8. 392	***
RE31	←	RE3	0. 889	1. 737	0. 234	7. 418	***
RE24	←	RE2	0. 586	1. 000			
RE23	←	RE2	0. 648	0. 822	0. 108	7. 589	***
RE22	←	RE2	0. 675	0. 852	0. 111	7. 701	***
RE21	←	RE2	0. 405	0. 489	0. 088	5. 545	***
TC1	←	TC	0. 416	1. 000			
TC2	←	TC	0. 619	1. 217	0. 200	6. 090	***
TC3	←	TC	0. 590	1. 251	0. 209	5. 977	***
TC4	←	TC	0. 543	1. 157	0. 201	5. 771	***
TC5	←	TC	0. 575	1. 212	0. 205	5. 915	***
TC6	←	TC	0. 572	1. 136	0. 193	5. 902	***
TC7	←	TC	0. 456	0. 890	0. 168	5. 295	***
拟合度统计值		χ^2/df = 2. 204；GFI = 0. 876；AGFI = 0. 865；NFI = 0. 872；TLI = 0. 863；CFI = 0. 818；RMSEA = 0. 072					

由表 7－1 可知，战略采购对技术能力影响的标准化路径系数为 0. 177，在 0. 01 水平上，因此接受假设 H_1；战略采购对信任影响的标准化路径系数为 0. 319，在 0. 01 水平上，因此接受假设 H_2；战略采购对信息共享影响的标准化路径系数为 0. 229，在 0. 01 水平上，因此接受假设 H_3；战略采购对共同解决问题影响的标准化路径系数为 0. 477，在 0. 01 水平上，因此接受假设 H_4；信任对技术能力影响的标准化路径系数为 0. 307，在 0. 01 水平上，因此接受假设 H_5；信息共享对技术能力影响的标准化路径系数为 0. 609，在 0. 01 水平上，因此接受假设 H_6；

共同解决问题对技术能力影响的标准化路径系数为0.426，在0.01水平上，因此接受假设 H_7。

第二节 网络关系嵌入的中介作用的实证检验

本书中的概念模型通过三个中介变量来显示战略采购对制造企业的技术能力的影响关系，这三个中介变量分别是信任、信息共享和共同解决问题。对这三个中介变量是否具有中介效应及其效应如何进行实证研究是很有必要的。在检验中介变量是否具有中介效应的实证研究中，一般通过满足以下四个条件来验证：首先，自变量和中介变量间有显著的相关关系；其次，中介变量和因变量间存在显著的相关关系；再次，自变量和因变量间有显著的相关关系；最后，当中介变量进入回归方程中，自变量和因变量间的相关系数或回归系数会有明显的降低。

一、信任的中介效应

表7-2 信任的中介效应

模型		非标准化系数		标准化系数	t	Sig.	公差
		B	Std. Error	Beta			
1	常数项	3.486	0.122		28.498	0.000	
	战略采购	0.037	0.041	0.154	0.893	0.007	1.000
2	常数项	3.366	0.141		23.810	0.000	
	战略采购	0.021	0.043	0.078	0.483	0.029	0.991
	信任	0.052	0.031	0.326	1.679	0.034	0.991

注：因变量：技术能力。

由表7-2可知，在引入中介变量“信任”的情况下，战略采购与技术能力间的相关系数由0.154降为0.078（$P<0.05$），表明信任的中介效应较明显，进一步证实了假设 H_8 的检验结果。

二、信息共享的中介效应

表7－3　信息共享的中介效应

模型		非标准化系数		标准化系数	t	Sig.	公差
		B	Std. Error	Beta			
1	常数项	3.486	0.122		28.498	0.000	
	战略采购	0.037	0.041	0.154	0.893	0.007	1.000
2	常数项	2.679	0.172		15.541	0.000	
	战略采购	0.029	0.039	0.097	0.738	0.041	0.999
	信息共享	0.240	0.038	0.215	6.305	0.000	0.999

注：因变量：技术能力。

由表7－3可知，在引入中介变量“信息共享”的情况下，战略采购与技术能力间的相关系数由0.154降为0.097（$P<0.05$），表明信息共享的中介效应较明显，进一步证实了假设H_9的检验结果。

三、共同解决问题的中介效应

表7－4　共同解决问题的中介效应

模型		非标准化系数		标准化系数	t	Sig.	公差
		B	Std. Error	Beta			
1	常数项	3.486	0.122		28.498	0.000	
	战略采购	0.037	0.041	0.154	0.893	0.007	1.000
2	常数项	3.384	0.135		25.033	0.000	
	战略采购	0.016	0.043	0.062	0.383	0.013	0.975
	共同解决问题	0.051	0.029	0.401	1.747	0.002	0.975

注：因变量：技术能力。

由表7－4可知，在引入中介变量“共同解决问题”的情况下，战略采购与技术能力间的相关系数由0.154降为0.062（$P<0.001$），表明共同解决问题的中介效应较为明显，进一步证实了假设H_{10}的检验结果。

第三节　技术学习的调节作用的实证检验

本研究中的调节变量是技术学习，采用 SPSS 11.5 对研究中提出的假设 H_{11}、H_{12}、H_{13}运用多元线性回归分析来进行假设检验。为了检验技术学习是否在信任、信息共享和共同解决问题作用于企业技术能力的过程中起到一定的调节作用，本书首先依据技术学习水平的差异将样本进行高低分组，然后对每一组分别进行回归分析，通过回归分析的结果来验证由于技术学习水平的差异所引起的信任、信息共享和共同解决问题对企业技术能力作用的差异。本书将技术学习分为 2 个不同组别，第一组中企业的技术学习水平比较低，这组中的样本个体有 173 个，第二组中企业的技术学习水平比较高，这组中的样本个体有 221 个，下面是分别就第一组和第二组进行回归分析所得的结果。

一、技术学习对信任和企业技术能力的调节作用

表 7-5　高低分组回归方程系数（1）

模型		非标准化系数		标准化系数	t	Sig.
		B	Std. Error	Beta		
1	常数项	3.657	0.179		20.392	0.000
	信任	0.025	0.047	0.239	0.525	0.006
2	常数项	2.147	0.244		8.782	0.000
	信任	0.399	0.079	0.405	5.072	0.000

注：因变量：技术能力。

从表 7-5 中可以看出，当企业技术学习处于较低的水平时，信任对企业技术能力有一定影响，回归系数为 0.239，但该影响表现较弱；当企业技术学习处于较高的水平时，信任对技术能力的回归系数为

0.405，影响显著增强。因此，可以认为技术学习在信任作用于制造企业技术能力的过程中起到一定的调节作用，假设 H_{11} 成立。

二、技术学习对信息共享和企业技术能力的调节作用

表 7－6　高低分组回归方程系数（2）

模型		非标准化系数		标准化系数	t	Sig.
		B	Std. Error	Beta		
1	常数项	4.527	0.174		25.947	0.000
	信息共享	0.220	0.049	0.415	4.516	0.000
2	常数项	4.779	0.246		19.439	0.000
	信息共享	0.367	0.063	0.752	5.803	0.000

从表 7－6 中可以看出，当企业技术学习处于较低的水平时，信息共享对企业技术能力有一定的影响，回归系数为 0.415，但该影响表现较弱；当企业技术学习处于较高的水平时，信息共享对技术能力的回归系数为 0.752，影响显著增强。因此，可以认为技术学习在信息共享作用于制造企业技术能力的过程中起到一定的调节作用，假设 H_{12} 成立。

三、技术学习对共同解决问题和企业技术能力的调节作用

表 7－7　高低分组回归方程系数（3）

模型		非标准化系数		标准化系数	t	Sig.
		B	Std. Error	Beta		
1	常数项	3.225	0.198		16.265	0.000
	共同解决问题	0.051	0.068	0.263	0.752	0.043
2	常数项	4.042	0.178		22.706	0.000
	共同解决问题	0.083	0.050	0.547	1.665	0.018

从表 7－7 中可以看出，当企业技术学习处于较低的水平时，共同解决问题对企业技术能力有一定影响，回归系数为 0.263，但该影响表现较弱；

当企业技术学习处于较高的水平时，共同解决问题对技术能力的回归系数为0.547，影响显著增强。因此，可以认为技术学习在共同解决问题作用于制造企业技术能力的过程中起到一定的调节作用，假设 H_{13}成立。

第四节　结果讨论

一、结果分析

现将战略采购对企业技术能力影响的主效应检验结果，信任、信息共享、共同解决问题的中介效应的检验结果，技术学习的调节效应的检验结果汇总如表7-8所示。

表7-8　假设检验结果汇总

假设	假设内容	检验结果
		$P<0.05$
H_1	战略采购对企业技术能力有显著正向影响	通过
H_2	战略采购对信任有显著正向影响	通过
H_3	战略采购对信息共享有显著正向影响	通过
H_4	战略采购对共同解决问题有显著正向影响	通过
H_5	信任对企业技术能力有显著正向影响	通过
H_6	信息共享对企业技术能力有显著正向影响	通过
H_7	共同解决问题对企业技术能力有显著正向影响	通过
H_8	信任在战略采购正向作用于企业技术能力的过程中起到中介作用	通过
H_9	信息共享在战略采购正向作用于企业技术能力的过程中起到中介作用	通过
H_{10}	共同解决问题在战略采购正向作用于企业技术能力的过程中起到中介作用	通过
H_{11}	制造企业技术学习能力越强，信任对企业技术能力影响越显著	通过
H_{12}	制造企业技术学习能力越强，信息共享对企业技术能力影响越显著	通过
H_{13}	制造企业技术学习能力越强，共同解决问题对企业技术能力影响越显著	通过

下面我们从理论与实践两个方面就研究结果进行深入分析和讨论。

（一）战略采购对企业技术能力的影响

战略采购对企业技术能力有显著的正向影响。战略采购通过识别创新型供应商可以获取更有效的供应商的知识，制造企业与供应商的互动学习和交流，可以促进技术与知识的互动与共享。通过实施战略采购，制造企业与供应商建立了长期伙伴关系，有利于双方来自不同资源和领域的知识通过跨越时空的整合从而有效地弥补核心企业自身知识的不足，进而有利于制造企业知识存量的增加，同时企业更可以利用供应商在零部件及组件方面的技术储备以及供应商的专业知识和技能产生更具创新性的解决方案、开发出更优质的产品。

（二）战略采购对信任、信息共享和共同解决问题的影响

（1）战略采购对企业间信任有显著的正向影响。社会网络理论认为，当企业能够与其他企业形成一种战略性依赖关系或者可以预料伙伴的资源的作用时，企业将以一种伙伴关系的形式参与到其他企业中。实施战略采购，与有限数量的供应商保持紧密联系，既增加了关系资产的投资，又建立了最终更好的信任关系。

（2）战略采购对信息共享有显著的正向影响。实施战略采购，制造企业与供应商由于合作而建立的长期伙伴关系有利于成员间及时准确地交换关键敏感信息。战略采购营造的相互支持的环境，有利于企业与供应商间技术和市场信息的转移与共享。

（3）战略采购对共同解决问题有显著的正向影响。战略采购加强了制造企业与供应商间的合作，在这种合作关系中，增加了新的信息和技术，制造企业与供应商共同寻找材料或设计问题的解决办法，有利于企业快速识别潜在技术问题，从而加速新产品的开发。

（三）信任、信息共享和共同解决问题对企业技术能力的影响

企业间技术能力的提升来源于企业知识存量的增加，是技术诀窍的

积累过程。企业所深层系嵌入的社会网络是其整合和利用外部资源的关键。关系嵌入可通过增加企业的知识资源积累，对企业的技术能力和竞争优势产生重要影响。长期关系有利于企业间高质量的信息沟通与交流，从而有利于复杂知识的共享与转移，这在很大程度上能促进制造企业技术能力的提高。另外，较长时间的合作能提升彼此间的信任、收益、互惠水平并积累一定的社会资本，进而强化关系性嵌入对企业技术能力的积极影响。由信任、信息共享、共同解决问题等嵌入机制所形成的关系嵌入性，能给企业带来战略性资源，促进企业技术能力的提升。

（1）信任对企业技术能力有显著的正向影响。组织间的信任是合作创新和成功关系的关键因素，信任可促使企业有效地整合利用外部资源，增加企业自身的知识存量，企业间基于信任的知识密集型关系有利于提升企业的创新能力。

（2）信息共享对企业技术能力有显著的正向影响。企业通过与供应商进行有效地信息共享可获取更准确、及时和广泛的关于技术机会和市场机会的各种信息，为企业技术能力提升创造先机。同时，企业可以从与供应商的信息共享可能带来的溢出效应过程中获取更有益的隐性知识，从而加速企业技术能力的提升。企业可以通过与供应商就相关市场信息进行良性、迅捷的沟通与交流进而加速企业的创新活动和新产品的推广。

（3）共同解决问题对企业技术能力有显著的正向影响。供应商参与共同解决问题对制造企业的技术知识获取有正向显著的影响。合作双方通过合作解决问题，及在合作过程的相互适应行为中形成一种既定的规范和共同语言，这种语言能够有效地传输合作过程中的隐性知识，这种特定的内隐性知识，是关系租金的重要来源，可以促进企业战略能力的提升。

（四）技术学习的调节效应

企业的技术能力需要通过长期的技术学习来获取，在持续变化的环境中，技术学习对企业技术能力的构建显得尤为重要。企业可以通过开展持续系统的技术学习，不断深化技术知识及提升企业的各项专业技能，获取企业技术能力的有效提升。研究表明，企业的技术学习能力越强，信任、信息共享和共同解决问题对企业技术能力的影响越显著。网络为企业技术能力的获取构建了一定的环境，是企业技术学习的重要来源，企业技术能力的发展最终取决于企业自身的技术学习能力。具有较强的学习能力的企业拥有更有效的供应链管理能力，能够更好地开发新产品。

二、研究的理论意义与实践意义

本研究的相关结果主要从以下两个方面对战略采购与企业技术能力之间影响关系的理论发展与实践做出贡献。

第一，战略采购作为一个不断完善和发展的概念，现阶段的不少实证研究仍存在认识上的差异和实际处理上的区别，因此需要将这一概念的实证量表进行进一步的总结和验证。本书将已有的关于战略采购的实证研究中存在的有待统一的维度名称、不同层面维度名称混用等问题进行系统梳理后，再根据我国制造企业实地访谈情况，对战略采购的维度进行探索性研究，得出战略采购包含以下四个维度：战略评估采购地位、长期关系、内部整合、供应商参与。本书所提出的战略采购测量量表具有较高的测量质量，在实证过程中很好地拟合了企业样本数据，因此适用于战略供应管理领域的其他实证研究。本书所揭示的战略采购的四个结构要素对组织有效实施战略采购具有十分重要的指导意义。战略采购作为一个多维度概念，其不同因素间有很强的交互依赖性，它的实施水平可通过每一个因素的参与水平来测量，当战略采购的所有维度同时实施时，将会获得实施的最大满意度。因此，企业管理者不能只关注某个单一的因素，应当考虑如何使所有因素共同地更深地参与到组织中。

第二，技术能力的本质是知识，战略采购可以通过改变知识资源这一内因来实现企业技术能力的提升。虽然目前相关研究都提出了战略采购对企业技术能力的积极作用，但仍存在明显的不足，无法从逻辑上解释战略采购对企业技术能力是否有必然的促进作用，缺乏在战略采购与企业技术能力之间构筑联系的逻辑基础。本书从网络关系嵌入视角构建战略采购与企业技术能力之间的关系模型，借助这一框架可以合理并且系统地解释战略采购与企业技术能力之间的逻辑关系，为战略采购通过网络关系嵌入来实现企业技术能力的提升提供必要的逻辑基础。因此，企业管理者在把战略采购作为组织的战略工具加以应用时，应当积极引导和实现战略采购对企业技术能力的提升作用，才能更加深刻地突出战略采购作为企业竞争优势来源的重要战略地位。

第八章

CHAPTER EIGHT

展望创新：企业技术创新的发展之路

党的十九大指出要加快建设创新型国家。“要瞄准世界科技前沿，强化基础研究，实现前瞻性基础研究、引领性原创成果重大突破。加强应用基础研究，拓展实施国家重大科技项目，突出关键共性技术、前沿引领技术、现代工程技术、颠覆性技术创新，为建设科技强国、质量强国、航天强国、网络强国、交通强国、数字中国、智慧社会提供有力支撑。加强国家创新体系建设，强化战略科技力量。深化科技体制改革，建立以企业为主体、市场为导向、产学研深度融合的技术创新体系，加强对中小企业创新的支持，促进科技成果转化。倡导创新文化，强化知识产权创造、保护、运用。培养造就一大批具有国际水平的战略科技人才、科技领军人才、青年科技人才和高水平创新团队。”

本章关键词：创新型国家；自主创新；技术创新

第一节 结论、主要创新点及进一步研究的问题

一、研究结论

针对绪论部分所提出的基本研究问题，本书在文献综述和理论分析的基础上，系统地吸收了采购与供应管理理论、知识管理理论、技术能力理论、组织学习理论、社会网络理论等相关领域的研究成果，以我国制造企业为研究对象，从网络视角出发，通过企业技术能力的知识本质分析，探寻基于供应商网络的企业技术能力的影响因素，并由此构建出战略采购与企业技术能力关系的全模型。此模型的构建可以有效解释本书所提出的研究命题：希望通过对模型的检验来回答战略采购的内涵是什么，都包含哪些结构要素？战略采购是否与企业技术能力之间存在必然联系？战略采购能否通过网络关系嵌入机制这一中介作用影响企业的技术能力？通过对上述问题的具体回答与解释，可以反映出各要素之间的相互关系，不仅在理论上丰富了战略采购和企业技术能力的研究，而且从实证研究的角度来看，本研究所做的工作为今后企业通过有效实施战略采购来提升企业技术能力提供了有价值的参考。

通过对国内 394 家制造企业的战略采购实施情况的有效问卷调查，运用 SPSS 和 AMOS 等统计软件及分析方法，验证了战略采购通过信任、

信息共享和共同解决问题等网络嵌入机制来影响制造企业技术能力的关系模型，并且验证了技术学习在此过程中的调节作用。实证研究结果表明，所提出的影响关系模型在整体上获得了较好的验证，预期的战略采购通过网络关系嵌入间接影响企业技术能力路径的假设显著并且与理论分析的性质一致。本书从网络关系视角解释了战略采购对企业技术能力的作用机理，完善了战略采购与企业技术能力之间影响关系的概念模型，深入解释了战略采购的内涵及其结构要素。研究结论不仅对战略采购对企业技术能力影响关系的解释做出了一定的贡献，也为企业有效开展战略采购实践活动提供了必要的指导意见。

具体来讲，本书的研究工作主要得出以下结论：

第一，战略采购是一个多维度的概念，其结构要素包括：采购的战略地位、内部整合、与关键供应商建立长期关系以及供应商早期参与。

第二，战略采购对企业技术能力有直接的正向效应。企业技术能力的提升过程实际上就是企业知识的不断获取和积累的过程。战略采购为企业获取供应商的专业知识和技能提供了有效的途径。实施战略采购，制造企业与供应商间由于合作所建立的长期伙伴关系，有利于双方将来自不同资源和领域的知识进行跨越时空的整合，从而有效弥补了核心企业自身知识的不足，增加了制造企业的知识存量，有利于企业技术能力的有效提升。同时，制造企业可以通过让供应商直接参与的方式，通过制造商与供应商各层次人员的互动学习和交流，有效利用供应商在零部件及组件方面的技术储备以及供应商的专业知识和技能，产生出更具创新性的解决方案或快速识别潜在技术问题，进而开发出更优质的产品，直接提升企业的技术能力。

第三，战略采购通过信任、信息共享和共同解决问题三种方式，间接影响制造企业的技术能力。

（1）战略采购通过信任影响企业技术能力。企业实施战略采购，通过与关键供应商的紧密关系增加了企业关系资产，进而建立了企业间良好的信任关系，信任为企业的知识学习和知识创造构建了共享的环境，从而使相互信任的组织更愿意共享知识，也有利于合作双方更积极主动地开展活动。企业从供应商处所获取的互补性、异质性资源是企业技术能力的重要来源。

（2）战略采购通过信息共享影响制造企业技术能力。战略采购通过创造一种相互支持的环境，促进制造企业与供应商间技术和市场信息的转移与共享，企业通过与供应商进行有效的信息共享可以获取更准确、及时和广泛的与技术和市场机会相关的各种信息，为企业技术能力提升创造先机，同时企业可以从与供应商信息共享可能带来的溢出效应中获取更有益的隐性知识，从而加速企业技术能力的提升。

（3）战略采购通过共同解决问题影响制造企业技术能力。战略采购通过加强制造商与供应商间的合作，有利于双方共同寻找材料或设计问题的解决办法。通过共同解决问题，企业间交互频率和交互次数增加，有利于知识的运用、传递和开发，特别是在合作解决问题过程中产生的特定的内隐性知识，是企业技术能力的重要来源，可以促进企业战略能力的提升。

第四，技术学习在关系嵌入对制造企业技术能力的影响过程中起着积极调节作用。企业的学习能力越强，信任关系信息共享和共同解决问题对企业技术能力的影响越显著。

二、本书的创新点

与已有的研究相比，本书的创新之处主要体现在以下几点：

第一，识别出战略采购的结构要素。以国内外相关文献为理论基础，并在企业实地调研、访谈与问卷调查的基础上运用探索性因子分析法，识别出战略采购的四个结构要素：采购的战略地位、内部整合、与关键供应商建立长期关系以及供应商早期参与。为今后在该领域内的关系模型中细化战略采购内部因素提供了必要的理论依据，也为企业有效实施战略采购提供了理论指导。

第二，运用探索性因子分析方法，提取出基于供应商网络视角的企业技术能力的四个影响因素：供应商管理、企业与供应商的关系、技术学习、组织情境。为构建战略采购与企业技术能力之间的关系模型提供了逻辑基础，也为企业技术能力的提升整合出一条全新的路径。

第三，从关系嵌入视角研究了战略采购对企业技术能力的作用机理，构建了基于网络关系视角的战略采购与企业技术能力的关系模型，创造性地拓展了以往的研究。新路径的提出，能够从逻辑上更好地回答目前广泛存在的关于战略采购与企业技术能力之间影响关系性质的争议。基于网络视角的战略采购与企业技术能力的关系模型，从一个全新的角度阐述了战略采购对企业技术能力的影响机制，为战略采购如何转化为企业持续的竞争优势提供了全面的逻辑解释，确立了战略采购在企业管理中的战略性地位。

第四，丰富了战略采购对企业长期绩效影响的理论内涵。以前的研究主要关注战略采购对企业短期运作绩效的影响，本研究认为，实施战略采购，企业深层次嵌入的网络关系有利于企业能力的获取和应用，战略采购可以通过获取嵌入在供应网络中供应商的知识和技能来实现自身技术知识存量的积累，并通过技术学习加速企业技术能力的发展。这一新决策依据的引入，有助于更全面地发挥战略采购在促进企业长期绩效方面的积极作用。

三、有待进一步研究的问题

诸多研究表明，战略采购对企业技术能力具有重要的影响作用。本书通过相关理论的研究，构建了基于网络关系视角的战略采购对企业技术能力的影响机制模型，同时运用大样本的统计分析对所构建的模型进行实证检验。本书基本上完成了预期的研究目标，研究结果也具有重要的理论和实践意义，但也存在一些不足，认真总结并分析其中的局限性将有助于该领域相关课题研究的进一步深入和发展，具体如下：

第一，本书在探讨战略采购对企业技术能力的作用机理时，主要是从网络关系视角进行分析和研究的，因此只考虑了网络关系嵌入的中介作用，对于在战略采购对企业技术能力的作用过程中，是否还存在其他的中介效应，如网络结构嵌入以及结构嵌入与关系嵌入的交互作用在这一过程中作用如何，还需要进一步研究。

第二，企业有效地实施战略采购，虽然能够促进企业技术能力的提升，但是在实施的过程中需要花费一定时间和成本，这在某种意义上对效率的提高会产生一定的制约。因此，随着企业内外部环境的变化，如何在企业具体的战略采购实践过程与企业的效能产出间寻求一个平衡点，使其发挥最大化效应，是个很有必要进行深入讨论的课题。

第三，在抽取企业样本时，主要针对我国中、东、西部地区的大型制造企业展开调查，没能覆盖全国所有地区和行业，同时问卷发放数量也受到一定限制。因此，研究结论是可能存在一定的偏差，是否适用于其他地区和行业还有待进一步探讨。

第四，根据研究发现，我国制造企业战略采购实施的水平并不高，大多仍处在自发的状态，没有对战略采购进行专门的管理，这对问卷调查和后来的假设检验都产生了一定的影响。随着企业战略采购的逐步规范实施，其对企业技术能力的作用也会相应地有所变化，因此我们可以依据企业战略采购的不同发展阶段进行数据采样，以跟踪研究每一阶段战略采购对企业技术能力的作用。

第五，企业环境中还有许多因素会对战略采购与企业技术能力之间的作用效果产生影响，如环境和技术的不确定性以及企业高层管理者对创新的关注等，这些因素在后续的研究中还有待完善。

第二节 "中国制造2025"

继国务院总理李克强在政府工作报告中提出推动"中国制造2025"之后，2015年5月19日，国务院印发《中国制造2025》，提出了实现中国制造向中国创造转变、中国速度向中国质量转变、中国产品向中国品牌转变，完成中国制造由大变强的任务、重点领域和重大工程。推动"中国制造2025"是在新的国际国内环境下，中国政府立足于国际产业变革大势，做出的全面提升中国制造业发展质量和水平的重大战略部署。根本目标在于改变中国制造业"大而不强"的局面，通过10年的努力，使中国迈入制造强国行列，为到2045年将中国建成具有全球引领和影响力的制造强国奠定坚实基础。

一、背景和意义

制造业是国民经济的基础和支柱产业，也是一国经济实力和竞争力的重要标志。国际金融危机期间，德国凭借强大的制造业优势依然保持了经济的稳定增长，成为受危机影响最小的国家。德国提出的"工业4.0"被誉为以智能制造为主导的第四次工业革命。金融危机后，各国都开始高度重视制造业的发展，美国提出了"先进制造业国家战略计划"，并采取多种措施"吸引制造业回流"；英国提出了"高价值制造业战略"；日本提出了"产业复兴计划"；法国提出了"新工业法国"等。制造业的竞争将成为未来大国竞争的关键。中国作为全球制造业中心，也需直面这场竞争，以大国战略思维和战略布局，提升中国制造业的国际竞争新优势。

"大而不强"，一直是困扰中国制造业发展的难题。虽然中国已成为全球最大的制造业生产国，产值占全世界的20%，工业品产量居世界第一位的超过 210 种，但钢铁、有色金属、石油化工、电力、煤炭、建材等 15 个行业，技术水平普遍比国际落后 5～10 年，有的甚至落后 20～30 年。技术差距主要在于技术指标水平低、数字化技术运用低、自动化水平低等方面，即使在具有较高技术的通信、半导体、生物医药和计算机等高新技术出口产品中，国内企业获得授权的专利数也还不足 40%。由于缺乏自主知识产权和关键核心技术，产品的附加值偏低，出口效益未得到实质性的提高，多数产业在国际产业分工体系中处于价值链的低端。在世界知名品牌中，中国产品的品牌寥寥无几，几乎没有占领发达国家市场的知名品牌。中国迫切需要推动制造业转型升级，提升制造业的自主创新能力，出口具有中国自主品牌的产品。

中国作为一个正处于工业化中期的发展中国家，制造业落后于早已进入后工业化阶段的发达国家也是客观必然，但经过改革开放以来的快速发展，中国已建成由完整的原材料能源工业、装备工业、消费品工业、国防科技工业、电子信息产业组成的门类齐全的工业体系和丰富的产业配套能力，成为世界第一大出口国。中国出口产品占世界总出口的比重达到 12%。其中，电气机械及器材制造业出口的国际市场占有率为 19%，电子及通信设备制造业的国际市场占有率达到 25%。家电、皮革、家具、羽绒制品、陶瓷、自行车等产品占国际市场份额达到 50% 以上。这些都成为推动“中国制造 2025”的坚实基础。

推动“中国制造 2025”旨在通过动员全社会力量参与发展先进制造业，推进中国的制造强国进程。对现阶段的中国，其战略意义表现在三个方面：一是顺应国际经济发展的大势。随着世界经济的发展和高新技术的突飞猛进，世界产业结构的演进出现了一系列新的趋势，以技术和服务为主要拉动力的新一轮国际产业结构加快调整，信息产业成为支柱产业，高新技术产业化发展加速，绿色经济成为主流，中国需要加快跟进。二是提升中国制造业的国际分工和全球价值链地位。国际分工已由产品分工向要素分工发展，欧美国家将加快自身“再工业化”进程，进一步发挥在新技术、新产品领域的创新优势。中国需要逐步向国际分工中高端发展，谋求参与国际分工产业链和价值链的提升。三是抢占国际竞争的制高点。国际竞争已全方位展开，围绕制造业的技术、品牌、生产方式等方面的差异化竞争日趋激烈，发达国家将进一步增加对全球制造业价值链的控制和主导。中国将成为全球第一大经济体，唯有提升制造业的发展层级，才能在激烈的市场竞争中获得更大的发展空间。正如《中国制造2025》行动纲领所言，中国制造业面临发达国家和其他发展中国家“双向挤压”的严峻挑战，必须放眼全球，加紧战略部署，着眼建设制造强国，固本培元，化挑战为机遇，抢占制造业新一轮竞争制高点。

二、目标和任务

李克强总理在政府工作报告中指出，实施“中国制造2025”，坚持创新驱动、智能转型、强化基础、绿色发展，加快从制造大国转向制造强国。《中国制造2025》行动纲领为推动“中国制造2025”确立了更明确的目标，即中国建设制造业强国将分为三个阶段：第一个十年，要进入世界制造强国之列；第二个十年，要进入世界强国的中等水平；第三个十年，即到2045年，要进入世界强国的领先地位，成为具有全球引领和影响力的制造强国。第一个十年，又可分为两个阶段，即到2020年，信息化带动工业化，稳固全球制造业中心地位，形成一批具有自主核心技术的优势产业；到2025年，工业化、信息化融合，形成一批跨国集团和优势产业集群，在全球价值链的地位明显提升。

根据行动纲领，要实现“中国制造2025”目标需完成九大任务，包括提高国家制造业创新能力、推进信息化与工业化深度融合、强化工业基础能力、加强质量品牌建设、全面推行绿色制造、大力推动重点领域突破发展、深入推进制造业结构调整、积极发展服务型制造和生产性服务业、提高制造业国际化发展水平。“中国制造2025”的目标和任务与德国“工业4.0”、美国的“先进制造业国家战略计划”相比，重点在于提高制造业的创新能力和发展质量。这与中国制造业的发展基础和现实条件是相符合的，并没有将目标和任务定的过于“高大上”，而是更多立足于对传统产业的转型升级和提升。

德国与美国因为制造业本身就在中高端，国内研发技术、创新能力、资本充足度都较强，其目标和任务要明显高于中国。美国、德国的制造业发展计划，核心是“制造+信息化+服务”，具体表现为“软硬兼施”，即以软件为主导，以信息化和互联网技术提升制造业研发和生产水平；双管齐下，以“制造+服务”延长制造业的产业链、供应链，以柔性的定制化和个性化服务将制造业与消费者直接连接；“互联网+制造”，以电子商务渠道和网络信息技术将制造业与市场紧密相连。可见，德国与美国是在实现中国制造第二个甚至是第三个十年的目标和任务。因此，中国制造并不是要和德国、美国的制造业计划相比拼，而是要充分利用科技、信息技术革命的成果，走好自己的路。

九大任务可以提炼出六个关键词，这六个词相加就是“中国制造2025”的内涵，即“创新+融合+品牌+绿色+服务+国际化”。创新是经济增长的根本动力，也是中国制造业发展的内生力量，政府倡导的“大众创业、万众创新”将为制造业的创新发展打造良好的生态环境。“互联网+”就是实现互联网与制造业的融合，推动智能制造，以工业互联网、电子商务等为中国制造的产品拓展营销渠道。品牌是中国商品综合品质的体现，是提升产品附加值的重要方式，中国制造需要更多的品牌产品，甚至是国际品牌产品来支撑。绿色制造是中国制造的必由之路，高耗能、高污染的制造业将逐渐被淘汰，环境友好型生产方式将成为中国制造业的主流，将服务融入产品生产与销售过程中，为消费者提供优质的销售与售后服务，使商品与服务资源获得最优化使用，形成“制造+服务”的最优化效应。推动中国制造业的国际化，在全球范围内优化资源配置，形成中国参与国际分工和国际竞争的利益最大化。

三、路径和措施

提高创新能力是“中国制造2025”的首要任务。《中国制造2025》行动纲领明确提出，要完善以企业为主体、市场为导向、政产学研相结合的制造业创新体系。围绕产业链部署创新链，围绕创新链配置资源链，加强关键核心技术攻关，加速科技成果产业化，提高关键环节和重点领域的创新能力。其具体路径包括：加强关键核心技术研发、提高创新设计能力、推进科技成果产业化、完善国家制造业创新体系、形成一批制造业创新中心、加强标准体系建设、强化知识产权运用等。提高制造业的创新发展水平，并非仅采取这些措施就能达到，关键还在于理念创新，要摒弃对传统路径的依赖，既要能够引进和利用国际先进的技术创新成果，还要重视自主创新技术成果的推广和产业化，形成全社会鼓励创新、重视创新的氛围。

信息化与工业化的融合是推动“中国制造2025”的核心。行动纲领也明确提出，要加快推动新一代信息技术与制造技术融合发展，把智能制造作为“两化”深度融合的主攻方向；着力发展智能装备和智能产品，推进生产过程智能化，培育新型生产方式，全面提升企业研发、生产、管理和服务的智能化水平。一言概之，就是要推动“互联网+制造业”，通过互联网制造业的融合，引领制造业向“数字化、网络化、智能化”转型升级，推动“物联网+工业”“云计算+工业”“移动互联网+工业”“网络众包+工业”等模式，通过互联网与工业的聚合裂变，实现工业大国向工业强国的迈进。

品牌建设是推动“中国制造2025”的关键。品牌是制造业竞争的制高点，中国制造业的品牌塑造面临三重困境：一是中国企业品牌意识不足，打造品牌的能力不够；二是中国企业品牌难以打入国际市场，难以与具有悠久历史的国际品牌抗衡；三是打入国际市场的中国品牌受到恶意打击，一些国际金融机构利用中国品牌进行资本炒作等。《中国制造 2025》提出了加强品牌建设的路径，包括：推广先进质量管理技术和方法、加快提升产品质量、完善质量监管体系以及引导企业制定品牌管理体系，围绕研发创新、生产制造、质量管理和营销服务全过程，提升内在素质，夯实品牌发展基础等。品牌建设包含质量和营销多个层面，只有在产品的生产和销售中以人为本，以消费者的需求为目标，融入企业的文化价值、经营理念与产品特色，才可能打造出被市场接受与认同的品牌。

推行绿色制造是推动“中国制造 2025”的保障。绿色发展是世界经济发展的潮流，中国政府向世界承诺的减排整体目标是：到 2020 年，实现单位 GDP 二氧化碳排放下降 40% ~45%，清洁能源消费占比达到 15%。对于碳排放总量长期处于世界前列的大国而言，要想实现这一目标，唯有加快经济转型、发展绿色经济。推动绿色制造的路径包括加快制造业绿色改造升级、推进资源高效循环利用、构建绿色制造体系。到 2025 年，制造业绿色发展和主要产品单耗达到世界先进水平，绿色制造体系基本建立。推动绿色制造的关键是要全社会都形成绿色发展的理念，否则，发展绿色制造的企业可能会因为成本高而不去采取绿色发展模式，在市场上难以与后者竞争。因此，要制定绿色产品、绿色工厂、绿色园区、绿色企业标准体系，开展绿色评价；强化绿色监管，健全节能环保法规、标准体系，加强节能环保监察，推行企业社会责任报告制度，引导所有生产者从事绿色生产。

此外，发展服务型制造和生产性服务业、推动制造业国际化、强化工业基础、推动重点领域突破发展都是推动“中国制造 2025”的重要支撑。在此基础之上，行动纲领还提出了要重点发展十大领域和实施五项重点工程。十大领域分别为：新一代信息通信技术产业、高档数控机床和机器人、航空航天装备、海洋工程装备及高技术船舶、轨道交通装备、节能与新能源汽车、电力装备、新材料、生物医药及高性能医疗器械、农业机械装备；五项重点工程包括：国家制造业创新中心建设、智能制造、工业强基、绿色制造、高端装备创新。同时，提出了推动“中国制造 2025”的保障措施，包括：深化体制机制改革、营造公平竞争市场环境、完善金融扶持政策、加大财税政策支持力、健全多层次人才培养体系、完善中小微企业政策、扩大制造业对外开放以及健全组织实施机制等。

要实现和完成“中国制造 2025”的目标和任务，需要采取多种路径和措施，甚至各个地区都需要根据自身的经济发展基础和特色采取相应的路径和措施，不能盲目趋同，一蹴而就。在信息化高度发达的国际环境之下，制订制造业发展计划，要贯通生产、流通和消费，不能将生产制造孤立于供应链体系之外，尤其是不能将重点鼓励性产业集中在某一个甚至某几个领域，否则，很可能又重复产能过剩之路，甚至形成中国制造的产量第一，但市场需求却不高的局面。所以，在各地执行《中国制造 2025》行动纲领时，还是要鼓励特色发展，创新发展，避免同质化竞争，更要避免在国际市场低价倾销，自相残杀。推进《中国制造 2025》任重而道远，需要政府、市场主体乃至各个领域的共同努力。

第三节 国家自主创新示范区的设立

国家自主创新示范区是指经中华人民共和国国务院批准，在推进自主创新和高技术产业发展方面先行先试、探索经验、做出示范的区域。建设国家自主创新示范区，对于进一步完善科技创新的体制机制，加快发展战略性新兴产业，推进创新驱动发展，加快转变经济发展方式等方面发挥重要的引领、辐射和带动作用。

国家自主创新示范区旨在通过着力实施创新引领战略，到 2020 年实现技术创新领先、产业领先、经济和社会发展领先、体制机制创新领先的建设目标，成为世界一流的高科技园区，对其他国家高新区和区域经济社会的发展做出引领和示范。

（1）开展股权激励试点。

（2）深化科技金融改革创新试点。

（3）国家科技重大专项项目（课题）经费中按规定核定间接费用。

（4）支持新型产业组织参与国家重大科技项目。

（5）实施支持创新企业的税收政策。

（6）组织编制发展规划。

2009 年 3 月，北京中关村国家自主创新示范区成为第一个国家自主创新示范区。

2009 年 12 月，武汉东湖国家自主创新示范区成为第二个国家自主创新示范区。

2011 年 3 月，上海张江国家自主创新示范区成为第三个国家自主创新示范区。

2014 年 6 月，深圳国家自主创新示范区成为第四个建设国家自主创新示范区，也是党的十八大后第一个以城市为基本单位的国家自主创新示范区。

2014 年 8 月，长株潭自主创新示范区获得国务院批复同意，成为继深圳后又一获批的全国第五个自主创新示范区。根据申报方案，株洲高新区的轨道交通、航空航天、新能源汽车三大动力产业，长沙高新区的高端制造及新材料产业，湘潭高新区的先进矿山装备产业，都被纳入国家创新型产业试点。

2014 年 10 月，苏南自主创新示范区成为第六个国家自主创新示范区，是中国首个以城市群为基本单元的国家自主创新示范区。苏南国家自主创新示范区不是以一个城市或一个国家高新区为主体，而是由 9 个国家高新区组成，横跨了南京、无锡、常州、苏州、镇江 5 个国家创新型试点城市。

2015 年 2 月 26 日，天津国家自主创新示范区在天津滨海高新技术产业开发区揭牌，它致力于打造京津冀科技干线新节点，打造一批具有全球影响力的创新型企业。成为第七个国家自主创新示范区。天津创新示范区总用地面积达55.24平方公里，主要包括华苑、北辰、南开、武清、塘沽海洋5个科技园。

2015年6月19日，国务院批复科技部、四川省人民政府，同意成都高新技术产业开发区建设国家自主创新示范区。这是国家批复的第八个、西部首个国家自主创新示范区。

2015年9月6日，国务院正式批复（国函〔2015〕136号）同意杭州和萧山临江2个国家级高新技术产业开发区（统称杭州国家级高新区）建设国家自主创新示范区。这是继北京中关村、武汉东湖、上海张江等之后，国务院批复的第九个国家自主创新示范区。

2015年9月9日，陕西西安高新国家自主创新示范区成为第十个国家自主创新示范区。

2016年3月30日召开的国务院常务会议确定，新设河南郑洛新、山东半岛、辽宁沈大3个国家自主创新示范区。

2016年6月8日，国务院常务会议决定在福厦泉和合芜蚌国家高新区分别建设国家自主创新示范区。

2016年7月19日，国务院同意重庆高新技术产业开发区建设国家自主创新示范区。

第四节　中国经济的发展方向

2015年7月10日，中共中央政治局常委、国务院总理李克强主持召开座谈会，就当前经济形势和经济工作，听取专家和企业负责人的意见建议。李克强表示，我国经济长期向好的基本面没变，仍具有巨大的韧性、潜力和回旋余地。

李克强说，既要看到当前世界经济复苏一波三折、不确定性增多，又要看到中国经济呈现产业结构不断优化、发展动力加快转化、地区和行业走势分化的明显特征。虽然一些多年积累的结构性矛盾进一步显现，但经济长期向好的基本面没变，仍具有巨大的韧性、潜力和回旋余地。我国经济潜在增长率能支撑中高速增长，关键要遵循发展规律，坚定发展信心，掌握发展主动权，用更大的努力和耐力来推动。

李克强指出，我国经济增长动力和下行压力并存，要继续按照中央经济工作会议精神，落实政府工作报告部署，立足当前，着眼长远，坚持宏观调控正确取向，实施积极的财政政策和稳健的货币政策，把创新宏观调控与推进结构性改革有机结合，更加精准有效地实施定向调控和相机调控，防范和化解风险，确保经济运行在合理区间，实现增长、物价、就业、收入、环保多重目标协调发展，也为各类市场健康稳定发展创造条件。要深入推进简政放权、放管结合、优化服务，更好地发挥市场的决定性作用，既着力深挖传统产业升级的潜力，又积极释放新产业新业态蓬勃发展的潜力，在实现稳增长、调结构“双赢”和促进经济行稳致远上持续发力。

李克强强调，中国经济升级发展根本靠改革创新。企业是市场主体，也是创新主体，要继续实施创新驱动战略，抓住国家推出“中国制造 2025”“互联网 +”行动和推进“一带一路”、国际产能合作的机遇，面向市场，贴近需求，着力提升核心竞争力和品牌塑造能力。要大力推动“大众创业、万众创新”，支持创新型企业特别是创新型小微企业发展，让各种创新资源向企业集聚，让更多金融产品和服务对接创新需求，用创新的翅膀使中国企业飞向新高度。

从“三期叠加”到经济发展新常态，既是机遇，也是挑战。习近平总书记强调：“面对人民群众新期待，我们必须坚定改革信心，以更大的政治勇气和智慧、更有力的措施和办法推进改革开放。”要牢牢抓住大有可为的重要战略机遇期，坚持用深化改革的办法破解经济发展中的体制性、结构性矛盾，通过推进重点领域和关键环节改革，使市场在资源配置中起决定性作用，同时更好地发挥政府作用，促进我国经济持续健康发展。

坚持市场取向的改革。一是简政放权。最大限度地减少许可、审批和资质资格认定，激发市场主体投资创业的积极性，为经济转型提供不竭动力。二是加快完善现代市场体系。建立公开透明的市场规则，按照负面清单的思路制定统一的市场准入规则。深化要素市场改革，建立能够反映稀缺程度和供求关系的价格体系，把提高资源配置效率与促进经济增长结合起来。三是增强微观主体活力。依法保护各种所有制经济公开、公平、公正参与市场竞争，鼓励非公有制经济进入服务业和高技术领域。四是扩大对内对外开放。推动资本市场双向开放，有序提高跨境资本和金融交易可兑换程度。坚持“引进来”和“走出去”相结合，鼓励外资参与境内并购重组，放宽境内居民境外投资限制，确立企业和个人对外投资主体地位。

坚持创新取向的改革。一是深化教育改革，加速人力资本积累。充分发挥人力资本的创新源泉作用，为传统产业升级换代和发展新一代信息技术、新能源、高端装备制造等产业夯实基础，提高劳动生产率和全要素生产率。二是完善科技创新体制机制。深化科技体制改革，构建公开透明的国家科研资源管理和项目评价机制。坚持技术创新的市场导向，强化企业在技术创新中的主体地位，完善风险投资机制和商业模式，促进科技创新转化为经济发展的动力。三是促进科技与金融结合。加强知识产权运用和保护，充分发挥资本市场对创新创业的支持作用。

坚持可持续发展取向的改革。一是加快建立经济可持续发展的体制机制。建立科学的节能减排指标体系、考核体系和监测体系，严格落实节能减排目标责任制，强化指标约束。二是发展绿色经济和循环经济。推广低碳技术，发展新能源和可再生能源，加强水污染、大气污染、固体废物污染和城市交通拥堵防治。三是保护生态环境。积极应对全球气候变暖，继续推进天然林保护、退耕还林、退耕还牧等生态工程，促进经济与环境协调发展。

坚持普惠取向的改革。一是形成合理有序的收入分配格局。调整国民收入分配格局，进一步提高劳动报酬在初次分配中的比重，努力实现劳动报酬增长和劳动生产率提高同步。完善最低工资和工资支付保障制度，努力缩小城乡、区域、行业收入分配差距。二是建立公平可持续的社会保障制度。整合城乡居民基本养老和医疗保险制度，统筹城乡最低生活保障制度，加快健全覆盖全民的基本公共服务体系。借鉴其他国家实施福利政策的经验教训，建立与我国经济社会发展水平和发展阶段相适应的社会保障制度，避免出现福利水平过高诱发“福利病”和福利水平过低不足以保障基本生活的问题。

附　录

附录一　企业访谈提纲

（1）请您谈一下对战略采购的认识和理解。

（2）请您谈一下贵公司战略采购实施的现状及存在的不足。

（3）以下是我们在相关文献分析的基础上总结出的基于供应商网络的企业技术能力的主要影响因素，您认为是否合理?

①知识的缄默性；

②知识的复杂性；

③供应商对知识的保护性；

④供应商对知识的管理能力；

⑤供应商的知识转移能力；

⑥企业自身的知识存量；

⑦企业对知识的吸收能力；

⑧企业对知识的管理能力；

⑨企业与供应商间互利互惠；

⑩企业与供应商间的信任机制；

⑪企业与供应商的沟通与互动；

⑫企业高层管理者对供应商重要性的认知；

⑬企业的组织文化；

⑭企业的组织结构；

⑮国家现行创新政策环境。

（4）请您针对以上主要因素提出自己的见解并进行相关的补充。

附录二 调查问卷

尊敬的女士/先生：

您好！非常感谢您在百忙中抽出时间来填写这份问卷！请您花 10 分钟时间，根据问卷的题项设置，结合您所在企业的实际情况，在相应的选项后打"√"。本问卷旨在探讨战略采购对制造企业技术能力的影响。郑重声明：本项调研所得数据资料仅用于理论课题的研究，我们会对资料进行严格保密，问卷采取匿名填写的方式，请您放心作答。真诚感谢您的支持与合作！

第一部分：背景资料

下面是有关您个人及您所在企业情况的描述，请您根据实际情况做出选择（在所选题项前打"√"即可）。

1. **学　　历**：A. 大专　B. 本科　C. 硕士及以上
2. **工作年限**：A. 5～10 年　B. 11～15 年　C. 16～20 年　D. 20 年以上
3. **工作职务**：A. 企业高管　B. 部门经理　C. 采购人员　D. 研发人员
4. **企业性质**：A. 国有企业　B. 民营企业　C. 中外合资　D. 外商独资　E. 其他（请注明＿＿＿＿＿＿）
5. **企业规模**：A. 500 人以下　B. 500～1500 人　C. 1500～2000 人　D. 2000～2500 人　E. 2500 人以上
6. **行业类型**：A. 汽车制造
B. 重型机械制造
C. 电子及通信设备制造
D. 仪器仪表制造E. 其他

第二部分

请根据贵公司战略采购的实施现状及其对企业技术能力的影响进行相应的选择（在相应选项处标红即可）：

战略采购 完全不同意→→→完全同意

1. 企业的高层管理人员认为采购应具有战略性的角色 ………………………………………………………… ① ② ③ ④ ⑤

2. 采购部门应与其他职能部门享有同等重要的地位 ………………………………………………………… ① ② ③ ④ ⑤

3. 采购部门应当参与制订企业的战略水平的合作计划 ………………………………………………………… ① ② ③ ④ ⑤

4. 采购部门应与其他职能部门之间保持频繁的沟通 ………………………………………………………… ① ② ③ ④ ⑤

5. 采购部门是企业跨职能团队中的一员 ………………………………………………………… ① ② ③ ④ ⑤

6. 采购部门参与企业的并行工程团队 …… ① ② ③ ④ ⑤

7. 采购经理应当接受跨职能的培训 ……… ① ② ③ ④ ⑤

8. 制造企业与供应商共同协商解决问题 ………………………………………………………… ① ② ③ ④ ⑤

9. 制造企业让供应商参与企业的新产品开发 ………………………………………………………… ① ② ③ ④ ⑤

10. 制造企业让供应商参与企业的持续项目改进 ………………………………………………………… ① ② ③ ④ ⑤

11. 制造企业与供应商间相互信任 ……… ① ② ③ ④ ⑤

12. 企业高层管理者对发展与供应商的长期关系的承诺 ………………………………………………………… ① ② ③ ④ ⑤

13. 制造企业对供应商实施技术帮助 …… ① ② ③ ④ ⑤

14. 制造企业对供应商进行定期培训 …… ① ② ③ ④ ⑤

网络关系嵌入 完全不同意→→→完全同意

1. 供应商与企业进行合作时能做到实事求是 ……………………………………………………………… ① ② ③ ④ ⑤
2. 供应商与企业都能够信守承诺 ………… ① ② ③ ④ ⑤
3. 供应商没有任何误导企业的行为 ……… ① ② ③ ④ ⑤
4. 供应商不会利用企业的弱点来获取不当的收益 …………………………………………………………… ① ② ③ ④ ⑤
5. 供应商与企业信息交换频繁，不仅仅局限于既定的协议 ……………………………………………………… ① ② ③ ④ ⑤
6. 供应商与企业相互提醒可能存在的问题和变化 …………………………………………………………… ① ② ③ ④ ⑤
7. 供应商与企业能尽可能地相互提供所需要的信息 …………………………………………………………… ① ② ③ ④ ⑤
8. 供应商与企业能分享其未来的发展规划 …………………………………………………………… ① ② ③ ④ ⑤
9. 供应商与企业共同负责完成任务 ……… ① ② ③ ④ ⑤
10. 供应商与企业相互帮忙解决对方的问题 …………………………………………………………… ① ② ③ ④ ⑤
11. 供应商与企业能共同协作克服困难 …………………………………………………………… ① ② ③ ④ ⑤

技术学习 完全不同意→→→完全同意

1. 企业能迅速感知技术市场、行业变化 …………………………………………………………… ① ② ③ ④ ⑤
2. 企业能够很快从外部获取生产运作技术 …………………………………………………………… ① ② ③ ④ ⑤
3. 企业能够很快从外部获取市场开发技术 …………………………………………………………… ① ② ③ ④ ⑤

4. 企业能够很快从外部获取研发技能 …… ① ② ③ ④ ⑤

5. 企业能够很快从外部获取新专利 ……… ① ② ③ ④ ⑤

6. 企业能及时、准确地发现自身潜在的技术优势 ……………………………………………………………… ① ② ③ ④ ⑤

7. 企业能及时、准确地评估从外部获取技术知识的价值 …………………………………………………………… ① ② ③ ④ ⑤

8. 企业能及时、准确地识别新获取技术知识与现有技术区别 ………………………………………………………… ① ② ③ ④ ⑤

9. 企业对引进技术知识进行局部修改的能力强 ……………………………………………………………… ① ② ③ ④ ⑤

10. 企业将已吸收技术知识修订质量控制操作的速度快 …………………………………………………………… ① ② ③ ④ ⑤

11. 企业将已吸收技术知识与企业已有技术融合的速度快 ……………………………………………………………… ① ② ③ ④ ⑤

12. 企业将已吸收技术知识引入工艺创新的速度快 ……………………………………………………………… ① ② ③ ④ ⑤

13. 企业将已吸收技术知识进行新产品开发的速度快 ……………………………………………………………… ① ② ③ ④ ⑤

采购对企业技术能力的贡献 完全不同意→→→完全同意

1. 采购产生新的产品想法的比例高 ……… ① ② ③ ④ ⑤

2. 采购在生产中促进产品/部件标准化/简单化的程度高 ……………………………………………………………… ① ② ③ ④ ⑤

3. 采购决定供应商参与新产品的时间和模式 ……………………………………………………………… ① ② ③ ④ ⑤

4. 采购为新产品开发或过程创新寻求新的供应商和新技术 ……………………………………………………………… ① ② ③ ④ ⑤

5. 采购直接参与新产品开发 ……………… ① ② ③ ④ ⑤

6. 采购直接参与过程提升 ………………… ① ② ③ ④ ⑤

7. 采购直接启动创新项目 ………………… ① ② ③ ④ ⑤

第三部分：政府作用的访谈提纲

（1）请您谈谈政府在企业技术创新中的作用。

（2）请您谈谈现阶段政府在支持企业技术创新中还有哪些方面需要改进和提升。

（3）请您谈谈对经济新常态的认识及经济新常态可以给企业技术创新带来哪些机遇和挑战。

（4）您期望在企业进行技术创新过程中政府应给予哪些方面的支持和帮助。

感谢您的悉心作答！

参考文献

[1]中国共产党第十九次全国代表大会报告《决胜全面建成小康社会 夺取新时代中国特色社会主义伟大胜利》。

[2]《中共中央 国务院关于深化体制机制改革加快实施创新驱动发展战略的若干意见》。

[3]《国务院关于大力推进大众创业万众创新若干政策措施的意见》。

[4]李克强谈中国经济:要有信心 要有举措 要有创新[OL]. 人民网,http://energy.people.com.cn/n/2015/0716/c71661-27312222-2.html.

[5]易纲. 人民日报:深刻认识我国经济发展新趋势——深入学习贯彻习近平同志关于经济发展新常态的重要论述[OL]. 人民网,http://opinion.people.com.cn/n/2014/1103/c1003-25962651.html.

[6]张莉. 解读《中国制造 2025》[OL]. 今日中国,http://www.chinatoday.com.cn/chinese/economy/fxb/201507/t20150715_800035214.html.

[7]卢蓉. 企业战略采购机理及其应用研究[D]. 浙江大学,2006:57-76.

[8]徐金发,卢蓉. 战略采购的过程模型及其作用模式[J]. 中国工业经济,2006,3(3):115-121.

[9]洪勇,苏敬勤. 发展中国家企业技术能力提升因素的实证研究[J]. 管理科学,2009(4):12-22.

[10]汤长安. 高新技术集群企业技术能力提升的微观机制研究[J]. 科学决策,2012(2):37-51.

[11]吴晓波,刘雪锋,胡松翠. 全球制造网络中本地企业知识获取实证研究[J]. 科学学研究,2007,25(3):486-492.

[12]罗虎明,刘洪伟. 技术学习文献综述[J]. 技术经济,2011,30(7):59-64.

[13]谢伟. 发展中国家技术学习过程的四个模式[J]. 科学管理研究, 2001, 19(6): 19-23.

[14]赵晓庆, 许庆瑞. 企业技术能力演化的轨迹[J]. 科研管理, 2002, 23(1): 70-76.

[15]冯晓琦, 万军. 技术学习与技术能力的提高: 后发工业国技术进步的一个分析框架[J]. 生产力研究, 2006(10): 171-172.

[16]陈伟, 张阳红. 企业创新网络中的技术学习有效性评价[J]. 科技管理研究, 2009, 29(8): 305-307.

[17]赵宇. 十八大以来党中央对我国经济发展新常态的判断和思考[J]. 党的文献, 2015(6):24-30.

[18]张金香. 甘肃省中小企业技术创新的政府支持研究[J]. 兰州工业学院学报, 2016(4):103-109.

[19]陈光, 王继源. 我国创新政策转型研究[J]. 科技管理研究, 2016(7):1-4.

[20]蒋绚. 资源、机制与制度:美国创新驱动发展研究与启示[J]. 学海, 2016(3):151-159.

[21]张武军,徐宁. 新常态下科技成果转化政策支撑与法律保障研究[J]. 科技进步与对策, 2016(2):109-112.

[22]马石. 知识产权法律制度与创新驱动发展战略的关系与发展[J]. 中华商标, 2016(2):71-74.

[23]陈伟才. 完善社会法治建设　保障企业创新发展[J]. 法治社会, 2016(3):9-10.

[24]刘旭霞, 沈大力. 论我国种子企业科技创新主体的法律支持[J]. 安徽农业大学学报(社会科学版), 2014(3):74-79.

[25]张晓玲. 中小企业技术创新法律保障的路径选择[J]. 科技进步与对策, 2012(4):100-103.

[26]温军. 法律、投资者保护与企业自主创新[J]. 当代经济科学, 2011(9):50-58.

[27]沈红卫, 欧阳劫, 龙慧. 论我国中小微企业科技创新资金法律保障机

制的完善[J]. 中南林业科技大学学报(社会科学版), 2014(2):135-139.

[28]王晓燕. 促进我国中小企业技术创新的政府行为分析[J]. 山东财政学院学报, 2008(1):86-88.

[29]贝淑华. 我国政府在企业技术创新中应发挥的作用分析[J]. 甘肃行政学院学报, 2005(2):68-70.

[30]尹跃. 政府在企业技术创新中的作用及问题分析[J]. 商品与质量, 2011(5):120-121.

[31]黄文锋, 张梦轩. 政府政策与企业技术创新意愿关系研究——基于东莞电子信息产业的实证分析[J]. 科技与经济, 2013(8):31-35.

[32]曹广喜, 刘禹乔, 查颖. 政府与市场关系视角下的民营企业技术创新研究——基于江苏省劳动密集型民营企业的实证分析[J]. 科技管理研究, 2015(18):94-99.

[33]张燕航. 技术创新活动中政府和企业作用的实证分析[J]. 技术经济与管理研究, 2015(5):31-35.

[34]曾方. 技术创新中的政府行为——理论框架和实证分析[D]. 复旦大学, 2003:122-131.

[35]王志坚. 企业技术创新中政府作用的理论与实证研究[D]. 浙江大学, 2002:139-156.

[36]盛亚, 沈宏韬. 我国企业自主创新的知识产权政策需求与影响机制研究——以两家企业为例[J]. 科技管理研究, 2012(6):154-159.

[37]彭红利. 政府在企业技术创新中的作用[J]. 经济论坛, 2000(3):14-15.

[38]李随成, 杨婷, 尚堃. 供应商早期参与制造企业新产品开发的关键因素分析:供应商视角[J]. 软科学, 2008, 22(9):36-40.

[39]李随成, 杨婷. 知识共享与组织学习对供应链企业间研发合作绩效的影响研究[J]. 科技进步与对策, 2009, 26(10): 97-103.

[40]李随成, 杨婷. 供应商早期参与制造企业新产品开发的实证研究:供应商视角[J]. 管理评论, 2011, 23(1):114-120.

[41]李随成, 李静, 杨婷. 基于供应商参与新产品开发的供应商选择影响因素分析及实证研究[J]. 管理评论, 2012, 24(1):146-154.

[42]杨婷，李随成．战略采购对企业技术能力的影响研究:网络关系视角的分析[J]．管理评论，2012，24(10)：53－59.

[43]杨婷，李随成．战略采购对企业技术创新的影响:网络关系嵌入为中介变量[J]．科技进步与对策，2012，29(23):69－75.

[44]Wisner J. D.，Tan K. C. Supply Chain management and its impact on purchasing[J]. Journal of Supply Chain Management，2000，36(4)：33－42.

[45]Smeltzer L. R.，Manship J. A.，Rossetti C . L. An analysis of the integration of strategic sourcing and negotiation planning[J]. Journal of Supply Chain Management，2003，39(4)：16－25.

[46]Gadde L.，Hakansson H . Supply network strategy[M]. Chichester：Wiley，2001：133－164.

[47]Monczka R. Competitive supply strategies for the 21st century[J]. Purchasing，2000，128(1)：48－55.

[48]Koufteros X. A.，Vonderembse M. A.，Doll W. J. Integrated product development practices and competitive capabilities：the effects of uncertainty，equivocality，and platform strategy [J]. Journal of Operations Management，2002，20(4)：331－355.

[49]Burt R. S. New directions in economic sociology[M]. New York：Russell Sage Foundation，2002：148－190.

[50]Dyer J.，Nobeokak. Creating and managing a high performance knowledge sharing network：the toyota case[J]. Strategic Management Journal，2000，21(3)：345－367.

[51]Flay B. R.，Biglan A.，Boruch R. F.，et al. Standards of evidence：criteria for efficacy，effectiveness and dissemination[J]. Prevention Science，2005，6(3)：151－175.

[52]Gottfredson M.，Puryear R.，Phillips S. Strategic sourcing[J]. Harvard Business Review，2005，83(2)：132－139.

[53]Ketchen D. J.，Giunipero L. C. The intersection of strategic management and supply chain management[J]. Industrial Marketing Management，2004，33(1)：51－56.

[54]Lowson R. H. The nature of an operations strategy: combining strategic decisions from the resource - based and market - driven viewpoints[J]. Management Decision, 2003, 41(6): 538 - 549.

[55]Sarkis J., Talluri S. A model for strategic supplier selection[J]. Journal of Supply Chain Management, 2002, 38(1): 18 - 28.

[56]Tan K. C., Lyman S. B., Wisner J. D. Supply chain management: a strategic perspective [J]. International Journal of Operations & Production Management, 2002, 22(6): 614 - 631.

[57]Carr A. S., Pearson J. N. The impact of purchasing and supplier involvement on strategic purchasing and its impact on firm's performance[J]. International Journal of Operations & Production Management, 2002, 22(9): 1032 - 1053.

[58]Khaji M. R., Shafaei R. A system dynamics approach for strategic partnering in supply networks[J]. International Journal of Computer Integrated Manufacturing. 2011, 24(2): 106 - 125.

[59]Katsikeas C. S., Paparoidamis N. G., Katsikea E. Supply source selection criteria: the impact of supplier performance on distributor performance [J]. Industrial Marketing Management, 2004, 33(8): 755 - 764.

[60]Harmsen H., Jensen B. Identifying the determinants of value creation in the market: a competence - based approach[J]. Journal of Business Research, 2004, 57(5): 533 - 547.

[61]Pressey A. D., Winklhofer H. M., Tzokas N. X. Purchasing practices in small - to medium - sized enterprises: an examination of strategic purchasing adoption, supplier evaluation and supplier capabilities[J]. Journal of Purchasing and Supply Management, 2009, 15(4): 214 - 226.

[62]Grant R. M., Baden - Fuller C. A knowledge accessing theory of strategic alliances[J]. Journal of Management Studies, 2004, 41(1): 61 - 84.

[63]Lacity M. C., Khan S. A., Willcocks L. P. A review of the IT outsourcing literature: insights for practice[J]. The Journal of Strategic Information Systems, 2009, 18(3): 130 - 146.

[64]Tan K. C. Supply chain management: practices, concerns, and performance issues[J]. Journal of Supply Chain Management, 2002, 38(1): 42 – 53.

[65]Monczka R. M., Morgan J. P. Competitive supply strategies for the 21st century[J]. Purchasing, 2000, 13(1): 48 – 59.

[66]Narasimhan R., Das A. The impact of purchasing integration and practices on manufacturing performance[J]. Journal of Operations Management, 2001, 19(5): 593 – 609.

[67]Liker J. K., Choi T. Y. Building deep supplier relationships[J]. Harvard Business Review, 2004, 82(12): 104 – 113.

[68]Barney J., Wright M., Ketchen D. J. The resource – based view of the firm: ten years after 1991[J]. Journal of Management, 2001, 27(6): 625 – 641.

[69]Duysters G., Hagedoorn J. Core competences and company performance in the world – wide computer industry[J]. The Journal of High Technology Management Research, 2000, 11(1): 75 – 91.

[70]Tsai K. H. The impact of technological capability on firm performance in Taiwan's electronics industry[J]. The Journal of High Technology Management Research, 2004, 15(2): 183 – 195.

[71]McEvily S. K., Eisenhardt K. M., Prescott J. E. The global acquisition, leverage, and protection of technological competencies[J]. Strategic Management Journal, 2004, 25(8 – 9): 713 – 722.

[72]Wang Y., Lo H. P., Zhang Q., et al. How technological capability influences business performance: an integrated framework based on the contingency approach[J]. Journal of Technology Management in China, 2006, 1(1): 27 – 52.

[73]Coombs J. E., Bierly III P. E. Measuring technological capability and performance[J]. R&D Management, 2006, 36(4): 421 – 438.

[74]Feeny S., Rogers M. Innovation and performance: benchmarking Australian firms[J]. Australian Economic Review, 2003, 36(3): 253 – 264.

[75]Harkema S. A complex adaptive perspective on learning within innovation projects[J]. Learning Organization, 2003, 10(6): 340 – 346.

[76]Nijssen E. J., Biemans W. G., De Kort J. F. Involving purchasing in new product development [J]. R&D Management, 2002, 32(4): 281 - 289.

[77]Wynstra F., Weggeman M., Van Weele A. Exploring purchasing integration in product development [J]. Industrial Marketing Management, 2003, 32(1): 69 - 83.

[78]Van Echtelt F. E. A., Wynstra F., Van Weele A. J., et al. Managing supplier involvement in new product development: a multiple - case study [J]. Journal of Product Innovation Management, 2008, 25(2): 180 - 201.

[79]Wagner S. M., Hoegl M. Involving suppliers in product development: insights from R&D directors and project managers[J]. Industrial Marketing Management, 2006, 35(8): 936 - 943.

[80]Narasimhan R., Kim S. W. Effect of supply chain integration on the relationship between diversification and performance: evidence from Japanese and Korean firms[J]. Journal of Operations Management, 2002, 20(3): 303 - 323.

[81]Lawson B., Cousins P. D., Handfield R. B., et al. Strategic purchasing, supply management practices and buyer performance improvement: an empirical study of UK manufacturing organisations[J]. International Journal of Production Research, 2009, 47(10): 2649 - 2667.

[82]Rottman J. W. Successful knowledge transfer within offshore supplier networks: a case study exploring social capital in strategic alliances[J]. Journal of Information Technology, 2008, 23(1): 31 - 43.

[83]Kocabasoglu C., Suresh N. C. Strategic sourcing: an empirical investigation of the concept and its practices in US manufacturing firms[J]. Journal of Supply Chain Management, 2006, 42(2): 4 - 16.

[84]Su J., Gargeya V. B. Strategic sourcing, sourcing capability and firm performance in the US textile and apparel industry[J]. Strategic Outsourcing: An International Journal, 2012, 5(2): 145 - 165.

[85]Paulraj A., Chen I. J. Environmental uncertainty and strategic supply management: a resource dependence perspective and performance implications [J].

Journal of Supply Chain Management, 2007, 43(3): 29 –42.

[86] Baier C., Hartmann E., Moser R. Strategic alignment and purchasing efficacy: an exploratory analysis of their impact on financial performance[J]. Journal of Supply Chain Management, 2008, 44(4): 36 –52.

[87] Chen I. J., Paulraj A., Lado A. A. Strategic purchasing, supply management, and firm performance[J]. Journal of Operations Management, 2004, 22(5): 505 –523.

[88] Chopra S., Meindl P. Supply chain management: strategy, planning & operation[M]. Upper Saddle River, New Jersey: Pearson Prentice Hall, 2007: 265 –275.

[89] Thirumalai S., Sinha K. K. Customization of the online purchase process in electronic retailing and customer satisfaction: an online field study[J]. Journal of Operations Management, 2011, 29(5): 477 –487.

[90] Pressey A., Tzokas N., Winklhofer H. Strategic purchasing and the evaluation of "problem" key supply relationships: what do key suppliers need to know? [J]. Journal of Business & Industrial Marketing, 2007, 22(5): 282 –294.

[91] Trent R., Monczka R. Pursuing competitive advantage through integrated global sourcing [J]. Academy of Management Executive, 2002, 16(2): 66 –80.

[92] Paulraj A., Chen I. J., Flynn J. Levels of strategic purchasing: impact on supply integration and performance [J]. Journal of Purchasing and Supply Management, 2006, 12(3): 107 –122.

[93] Dobrzykowski D. D., Tran O., Tarafdar M. Value co –creation and resource based perspectives for strategic sourcing[J]. Strategic Outsourcing: An International Journal, 2010, 3(2): 106 –127.

[94] Shook C. L., Adams G. L., Ketchen Jr D. J., et al. Towards a "theoretical toolbox" for strategic sourcing[J]. Supply Chain Management: An International Journal, 2009, 14(1): 3 –10.

[95] Tan D., Meyer K. E. Business groups' outward FDI: a managerial resources perspective [J]. Journal of International Management, 2010, 16(2): 154 –164.

[96]Kim S. W. An investigation on the direct and indirect effect of supply chain integration on firm performance[J]. International Journal of Production Economics, 2009, 119(2): 328 – 346.

[97]Oh J., Rhee S. K. The influence of supplier capabilities and technology uncertainty on manufacturer supplier collaboration: a study of the Korean automotive industry[J]. International Journal of Operations & Production Management, 2008, 28(6): 490 – 517.

[98]Sirmon D. G., Hitt M. A., Ireland R. D. Managing firm resources in dynamic environments to create value: Looking inside the black box[J]. The Academy of Management Review Archive, 2007, 32(1): 273 – 292.

[99]Duschek S. Inter – firm resources and sustained competitive advantage[J]. The International Review of Management Studies, 2004, 15(1): 53 – 73.

[100]Nobeoka K., Dyer J. H., Madhok A. The influence of customer scope on supplier learning and performance in the Japanese automobile industry[J]. Journal of International Business Studies, 2002, 33(4): 717 – 736.

[101] Lavie D. Alliance portfolios and firm performance: a study of value creation and appropriation in the US software industry[J]. Strategic Management Journal, 2007, 28(12): 1187 – 1212.

[102]Gulati R., Nohria N., Zaheer A. Strategic networks[J]. Strategic Management Journal, 2000, 21 (3):203 – 215.

[103]Choi T. Y., Hong Y. Unveiling the structure of supply networks: case studies in Honda, Acura, and DaimlerChrysler[J]. Journal of Operations Management, 2002, 20(5): 469 – 493.

[104]Bruce M., Daly L. Adding value: challenges for UK apparel supply chain management-a review [J]. Production Planning & Control, 2011, 22(3): 210 – 220.

[105]Kumar S., Arbi A. S. Outsourcing strategies for apparel manufacture: a case study[J]. Journal of Manufacturing Technology Management, 2007, 19(1): 73 – 91.

[106]Giunipero L., Handfield R. B., Eltantawy R. Supply management's evo-

lution: key skill sets for the supply manager of the future[J]. International Journal of Operations & Production Management, 2006, 26(7): 822-844.

[107] Jin B., Farr C. A. Supplier selection criteria and perceived benefits and challenges of global sourcing apparel firms in the United States[J]. Family and Consumer Sciences Research Journal, 2010, 39(1): 31-44.

[108] Das A., Narasimhan R. Purchasing competence and its relationship with manufacturing performance [J]. Journal of Supply Chain Management, 2000, 36(2): 17-28.

[109] González-Benito J., Reis da Rocha D., Queiruga D. The environment as a determining factor of purchasing and supply strategy: an empirical analysis of Brazilian firms[J]. International Journal of Production Economics, 2010, 124(1): 1-10.

[110] Cousins P. D., Lawson B., Squire B. Supply chain management: theory and practice - the emergence of an academic discipline? [J]. International Journal of Operations & Production Management, 2006, 26(7): 697-702.

[111] Ogden J. A., Rossetti C. L., Hendrick T. E. An exploratory cross-country comparison of strategic purchasing[J]. Journal of Purchasing and Supply Management, 2007, 13(1): 2-16.

[112] González-Benito J. A theory of purchasing's contribution to business performance [J]. Journal of Operations Management, 2007, 25(4): 901-917.

[113] González-Benito J. Information technology investment and operational performance in purchasing: the mediating role of supply chain management practices and strategic integration of purchasing[J]. Industrial Management & Data Systems, 2007, 107(2): 201-228.

[114] Gonzalez-Padron T., Hult G. T. M., Calantone R. Exploiting innovative opportunities in global purchasing: an assessment of ethical climate and relationship performance[J]. Industrial Marketing Management, 2008, 37(1): 69-82.

[115] Castaldi C., ten Kate C., den Braber R. Strategic purchasing and innovation: a relational view [J]. Technology Analysis & Strategic Management, 2011, 23(9): 983-1000.

[116] Thrulogachantar P., Zailani S. The influence of purchasing strategies on manufacturing performance: an empirical study in Malaysia [J]. Journal of Manufacturing Technology Management, 2011, 22(5): 641-663.

[117] McEvily B., Marcus A. Embedded ties and the acquisition of competitive capabilities [J]. Strategic Management Journal, 2005, 26(11): 1033-1055.

[118] Batjargal B. Internet entrepreneurship: social capital, human capital, and performance of internet ventures in China [J]. Research Policy, 2007, 36(5): 605-618.

[119] Kodithuwakku S. S., Rosa P. The entrepreneurial process and economic success in a constrained environment [J]. Journal of Business Venturing, 2002, 17(5): 431-465.

[120] Barden J. Q., Mitchell W. Disentangling the influences of leaders' relational embeddedness on interorganizational exchange [J]. Academy of Management Journal, 2007, 50(6): 1440-1461.

[121] Moran P. Structural vs. relational embeddedness: social capital and managerial perfo-rmance [J]. Strategic Management Journal, 2005, 26(12): 1129-1151.

[122] Gulati R., Sytch M. Dependence asymmetry and joint dependence in interorganizational relationships: effects of embeddedness on a manufacturer's performance in procurement relationships [J]. Administrative Science Quarterly, 2007, 52(1): 32-69.

[123] Kaufman P., Jayachandran S., Rose R. L. The role of relational embeddedness in retail buyers' selection of new products [J]. Journal of Marketing Research, 2006, 43(4): 580-587.

[124] Singh R. Relational embeddedness, tertius iungens orientation and relationship quality in emerging markets [J]. Asia Pacific Journal of Marketing and Logistics, 2008, 20(4): 479-492.

[125] Dhanaraj C., Lyles M. A., Steensma H. K., et al. Managing tacit and explicit knowledge transfer in IJVs: the role of relational embeddedness and the impact on performance [J]. Journal of International Business Studies, 2004, 35(5): 428-442.

[126] Gunasekaran A., Patel C., Tirtiroglu E. Performance measures and metrics in a supply chain environment[J]. International Journal of Operations & Production Management, 2001, 21(1-2): 71-87.

[127] Tidd J., Bessant J. Managing innovation: integrating technological, market and organi - zational change[M]. Chichester: John Wiley & Sons, 2011: 3-15.

[128] Hayes R. H., Abernathy W. J. Managing our way to economic decline [J]. Harvard Business Review, 2007, 85(7-8): 67-77.

[129] Oyelaran - Oyeyinka B., Lal K. Learning new technologies by small and medium enterprises in developing countries [J]. Technovation, 2006, 26 (2): 220-231.

[130] Gammeltoft P. Development of firm - level technological capabilities [J]. Journal of the Asia Pacific Economy, 2004, 9(1): 49-69.

[131] Maurseth P. B., Verspagen B. Knowledge spillovers in Europe: a patent citations analysis [J]. The Scandinavian Journal of Economics, 2002, 104 (4): 531-545.

[132] Lin B. W. Technology transfer as technological learning: a source of competitive advantage for firms with limited R&D resources[J]. R&D Management, 2003, 33(3): 327-341.

[133] Griffith D., Myers M. The performance outcomes of strategic fit of relational norm interorganizational governance strategies[J]. Journal of International Business Studies, 2005, 36(3): 254-269.

[134] Von Hippel E. Horizontal innovation networks - by and for users [J]. Industrial and Corpo - rate Change, 2007, 16(2): 293-315.

[135] Schiele H. How to distinguish innovative suppliers? Identifying innovative suppliers as new task for purchasing[J]. Industrial Marketing Management, 2006, 35(8): 925-935.

[136] Benton W., Maloni M. The influence of power driven buyer/seller relationships on supply chain satisfaction[J]. Journal of Operations Management, 2005, 23(1): 1-22.

[137]Prahinski C., Benton W. Supplier evaluations: communication strategies to improve supplier performance[J]. Journal of Operations Management, 2004, 22(1): 39-62.

[138]Petersen K. J., Handfield R. B., Ragatz G. L. Supplier integration into new product development: coordinating product, process and supply chain design [J]. Journal of Operations Management, 2005, 23(3): 371-388.

[139]Johnsen T. E., Ford D. Customer approaches to product development with suppliers [J]. Industrial Marketing Management, 2007, 36(3): 300-308.

[140]Sislian E., Satir A. Strategic sourcing: a framework and a case study [J]. Journal of Supply Chain Management, 2000, 36(3): 4-11.

[141]Williamson O. E. Outsourcing: transaction cost economics and supply chain management[J]. Journal of Supply Chain Management. 2008, 44(2): 5-16.

[142]Prahinski C., Kocabasoglu C. Empirical research opportunities in reverse supply chains[J]. Omega. 2006, 34(6): 519-532.

[143]Monczka R., Morgan J. Competitive supply strategies for the 21st century [J]. Purchasing, 2000, 128(1): 48-59.

[144]Shin H., Collier D. A., Wilson D. D. Supply management orientation and supplier/buyer performance [J]. Journal of Operations Management, 2000, 18(3): 317-333.

[145]Tracey M., Tan C. L. Empirical analysis of supplier selection and involvement, customer satisfaction, and firm performance[J]. Supply Chain Management: An International Journal, 2001, 6(4): 174-188.

[146]Lamin A., Dunlap D. Complex technological capabilities in emerging economy firms: the role of organizational relationships[J]. Journal of International Management, 2011, 17(3): 211-228.

[147]Uzzi B., Lancaster R. Relational embeddedness and learning: the case of bank loan managers and their clients[J]. Management Science, 2003, 49(4): 383-399.

[148]Yli - Renko H., Autio E., Sapienza H. J. Social capital, knowledge acquisition, and knowledge exploitation in young technology - based firms [J]. Strate-

gic Management Journal, 2001, 22(6 - 7): 587 - 613.

[149] Roy S., Sicbkumar R., Wilkinson I. F. Innovation generation in supply chain relationships: a conceptual model and research propositions [J]. Journal of the Academy of marketing Science, 2004, 32(1): 61 - 79.

[150] Zahra S. A., Neubaum D. O., Larraneta B. Knowledge sharing and technological capabilities: the moderating role of family involvement [J]. Journal of Business Research, 2007, 60(10): 1070 - 1079.

[151] Zhou K. Z., Wu F. Technological capability, strategic flexibility, and product innovation [J]. Strategic Management Journal, 2009, 31(5): 547 - 561.

[152] Lamin A., Dunlap - Hinkler D. Complex technological capabilities in emerging economy firms: the role of organizational relationships [J]. Journal of International Management, 2010, 17(3): 211 - 228.

[153] Nickerson J. A., Zenger T. R. A knowledge - based theory of the firm - the problem - solving perspective [J]. Organization Science, 2004, 15 (6): 617 - 632.

[154] Orlikowski W. J. Knowing in practice: enacting a collective capability in distributed organizing [J]. Organization Science, 2002, 13(3): 249 - 273.

[155] Nidumolu S. R., Subramani M., Aldrich A. Situated learning and the situated knowledge web: exploring the ground beneath knowledge management [J]. Journal of Management Information Systems, 2001, 18(1): 115 - 150.

[156] Zahra S. A., Sapienza H. J., Davidsson P. Entrepreneurship and dynamic capabilities: a review, model and research agenda [J]. Journal of Management Studies, 2006, 43(4): 917 - 955.

[157] Sirmon D. G. H., M. A. Managing resources: linking unique resources, management, and wealth creation in family firms [J]. Entrepreneurship Theory and Practice, 2003, 27(4): 339 - 358.

[158] Marcus W. Acquisition as a means for external technology sourcing: complementary, substitutive or both? [J]. Journal of Engineering and Technology Management. 2011, 28(4): 283 - 299.

[159] Gnyawali D. , Madhavan R. Cooperative networks and competitive dynamics: a structural emb - eddedness perspective[J]. Academy of Management Review, 2001, 26(3): 431 - 445.

[160] Argote L. , Ingram P. Knowledge transfer: a basis for competitive advantage in firms [J]. Organizational Behavior and Human Decision Processes, 2000, 82 (1): 150 - 169.

[161] Morrison A. , Pietrobelli C. , Rabellotti R. Global value chains and technological capabilities: a framework to study learning and innovation in developing countries[J]. Oxford Development Studies, 2008, 36(1): 39 - 58.

[162] Krause D. R. , Handfield R. B. , Tyler B. B. The relationships between supplier development, commitment, social capital accumulation and performance improvement[J]. Journal of Operations Management, 2007, 25(2): 528 - 545.

[163] Zsidisin G. A. , Ellram L. M. Activities related to purchasing and supply management involvement in supplier alliances [J]. International Journal of Physical Distribution & Logistics Management, 2001, 31(9): 629 - 646.

[164] Gulati R. , Nohria N. , Zaheer A. Strategic networks[J]. Strategic Management Journal, 2000, 21(3): 203 - 215.

[165] Bernardes E. S. , Zsidisin G. A. An examination of strategic supply management benefits and performance implications[J]. Journal of Purchasing and Supply Management, 2008, 14(4): 209 - 219.

[166] Shi Y. , Arthanari T. S. Outsourcing purchasing services by Third Party Logistics providers: a conceptual model[J]. International Journal of Logistics Systems and Management. 2011, 10(4): 398 - 419.

[167] Chen J. , Qu W. A new technological learning in China [J]. Technovation, 2003, 23(11): 861 - 867.

[168] Hult G. T. M. , Ketchen Jr D. J. , Nichols Jr E. L. Organizational learning as a strategic resource in supply management[J]. Journal of Operations Management, 2003, 21(5): 541 - 556.

[169] Laursen K. , Salter A. Open for innovation: the role of openness in ex-

plaining innovation performance among UK manufacturing firms[J]. Strategic Management Journal, 2005, 27(2): 131 - 150.

[170]Kale P., Singh H., Perlmutter H. Learning and protection of proprietary assets in strategic alliances: building relational capital [J]. Strategic Management Journal, 2000, 21(3): 217 - 237.

[171]Tsai K. H., Wang J. C. External technology sourcing and innovation performance in LMT sectors: an analysis based on the Taiwanese Technological Innovation Survey[J]. Research Policy, 2009, 38(3): 518 - 526.

[172]Narasimhan R., Jayaram J. Causal linkages in supply chain management: an exploratory study of North American manufacturing firms[J]. Decision Sciences, 2007, 29(3): 579 - 605.

[173]Smyth P. Closing the gap? The role of wage, welfare and industry policy in promoting social inclusion [J]. Journal of Industrial Relations, 2008, 50(4): 647 - 663.

[174]Cousins P. D., Lawson B., Squire B. Performance measurement in strategic buyer - supplier relationships: the mediating role of socialization mechanisms [J]. International Journal of Operations & Production Management, 2008, 28(3): 238 - 258.

[175]Lin M. J. J., Hung S. W., Chen C. J. Fostering the determinants of knowledge sharing in professional virtual communities[J]. Computers in Human Behavior, 2009, 25(4): 929 - 939.

[176]Li L. The effects of trust and shared vision on inward knowledge transfer in subsidiaries' intra - and inter - organizational relationships[J]. International Business Review, 2005, 14(1): 77 - 95.

[177]Yakhlef A. Knowledge transfer as the transformation of context[J]. The Journal of High Technology Management Research, 2007, 18(1): 43 - 57.

[178]Levin D. Z., Cross R. The strength of weak ties you can trust: the mediating role of trust in effective knowledge transfer[J]. Management Science, 2004, 50(11): 1477 - 1490.

[179] De Wever S., Martens R., Vandenbempt K. The impact of trust on strategic resource acquisition through interorganizational networks: towards a conceptual model[J]. Human Relations, 2005, 58(12): 1523 - 1543.

[180] Ireland R. D., Hitt M. A., Vaidyanath D. Alliance management as a source of competitive advantage [J]. Journal of management, 2002, 28 (3): 413 - 446.

[181] Capaldo A., Messeni Petruzzelli A. In search of alliance - level relational capabilities: balancing innovation value creation and appropriability in R&D alliances [J]. Scandinavian Journal of Management, 2011, 27(3): 273 - 286.

[182] Vera D., Crossan M. Strategic leadership and organizational learning [J]. Academy of Management Review, 2004, 29(2): 222 - 240.

[183] Jones O., Macpherson A. Inter - organizational learning and strategic renewal in SMEs: extending the 4I framework [J]. Long Range Planning, 2006, 39 (2): 155 - 175.

[184] Choo C. W., Johnston R. Innovation in the knowing organization: a case study of an e - commerce initiative[J]. Journal of Knowledge Management, 2004, 8 (6): 77 - 92.

[185] Kale P., Singh H., Perlmutter H. Learning and protection of proprietary assets in strategic alliances: building relational capital [J]. Strategic Management Journal, 2000, 21(6): 217 - 237.

[186] Collins J. D., Hitt M. A. Leveraging tacit knowledge in alliances: the importance of using relational capabilities to build and leverage relational capital [J]. Journal of Engineering and Technology Management, 2006, 23(3): 147 - 167.

[187] Xu G., Liu X., Zhou Y., et al. Effects of relational embeddedness on technological innovation: an empirical study in China[J]. Chinese Management Studies, 2012, 6(1): 108 - 123.

[188] Teece D. J. Explicating dynamic capabilities: the nature and microfoundations of (sustainable) enterprise performance [J]. Strategic Management Journal, 2007, 28(13): 1319 - 1350.

[189] Carayannis E. G., Popescu D., Sipp C., et al. Technological learning for entrepreneurial development in the knowledge economy: case studies and lessons learned[J]. Technovation, 2006, 26(4): 419-443.

[190] Rousseva R. Identifying technological capabilities with different degrees of coherence: the challenge to achieve high technological sophistication in latecomer software companies (based on the Bulgarian case)[J]. Technological Forecasting and Social Change, 2008, 75(7): 1007-1031.

[191] Figueiredo P. N. Learning, capability accumulation and firms differences: evidence from latecomer steel[J]. Industrial and Corporate Change, 2003, 12(3): 607-643.

[192] Figueiredo P. Learning processes features and technological capability - accumulation: explaining inter - firm differences[J]. Technovation, 2002, 22(11): 685-698.

[193] Ketchen D. J., Hult G. T. M. Bridging organization theory and supply chain management: the case of best value supply chains[J]. Journal of Operations Management, 2007, 25(2): 573-580.

[194] Mohr J., Spekman R. Characteristics of partnership success: partnership attributes, comm - unication behavior, and conflict resolution techniques [J]. Strategic Management Journal, 2006, 15(2): 135-152.

[195] Sun H., Yau H. K., Ming Suen E. K. The simultaneous impact of supplier and customer involvement on new product performance[J]. Journal of Technology Management & Innovation, 2010, 5(4): 70-82.

[196] Arranz N., Fdez de Arroyabe J. C. The choice of partners in R&D cooperation: an empirical analysis of Spanish firms[J]. Technovation, 2008, 28(1): 88-100.

后　记

制造业是国民经济的主体，是立国之本、兴国之器、强国之基。18世纪中叶开启工业文明以来，世界强国的兴衰史和中华民族的奋斗史一再证明，没有强大的制造业，就没有国家和民族的强盛。打造具有国际竞争力的制造业，是我国提升综合国力、保障国家安全、建设世界强国的必由之路。新中国成立尤其是改革开放以来，我国制造业持续快速发展，建成了门类齐全、独立完整的产业体系，有力推动了工业化和现代化进程，显著增强了综合国力，支撑了我国世界大国地位。然而，与世界先进水平相比，我国制造业仍然大而不强，在自主创新能力、资源利用效率、产业结构水平、信息化程度、质量效益等方面差距明显，转型升级和跨越发展的任务紧迫而艰巨。当前，面临新一轮科技革命和产业变革与我国加快转变经济发展方式形成历史性交汇，国际产业分工格局正在重塑。必须紧紧抓住这一重大历史机遇，按照“四个全面”战略布局要求，实施制造强国战略。建设制造强国，必须紧紧抓住当前难得的战略机遇，积极应对挑战，加强统筹规划，突出创新驱动，坚持把创新摆在制造业发展全局的核心位置，走创新驱动的发展道路。

我在博士就读期间，对我国制造企业的自主创新能力与路径研究比较感兴趣，在国家核心期刊上发表了相关学术论文5篇。参加工作2年多来，对国有企业的生产运营方式也有了较多的了解，繁忙工作之余，也会思考在经济新常态下，我国国有制造企业所面临的机遇和挑战并存，企业要想持续保持竞争优势，就必须顺应时代潮流，进行体制、机制的变革，在创新驱动战略指导下有效利用国内、国外两种资源，实现优势互补。进入党校工作以后，在良好的学习、工作氛围中，在领导、老师和同事的鼓励和支持下，我鼓起勇气将党的十八大以来经济发展新常态下我国制造企业所面临的现状、我国目前创新驱动战略的实施情况，与我之前创新理论的相关研究结果、国企工作实践中的部分想法相结合，进行梳理，汇编成册。本书从文献整理、调研设计、问卷发放与回收、资料分析、走访企业及高校到专家论证，这一路走来虽然很艰辛，但也收获满囊。由于个人理论水平有限，对思虑不周的地方还望大家多提宝贵意见。

本书在研究过程中得到了著名管理学家李随成老师和西安市委党校经济学教授苏凤昌老师的殷切指导，他们谦虚谨慎、认真负责的工作态度给我留下了深刻的印象，在此表示深深的感谢；感谢西安市委党校的领导和同事们，在书稿的写作过程中，他们或参与研讨，或帮助修改完善，提高了本书的质量和可操作性；感谢有关领导和基层干部，在调研过程中，他们给予了热情支持和帮助，使我们获得了大量的第一手资料和信息，为本课题研究的现状分析和决策制定提供了确实可靠的信息来源。正因为有了他们的支持和帮助，才使本书在理论性与实践性的统一目标上迈进了一步。

此时此刻，心中也有许多遗憾。由于笔者见少识浅、理论水平有限、对信息的掌握还比较欠缺、对问题了解还不够深入、分析视野还不够开阔等，本书难免有不足之处。对此，我们恳请读者批评、指正，您的批评是对本书真真切切、实实在在的关心。我们也希望有更多的读者关注和关心“创新”，推动“大众创业、万众创新”局面全面打开。我们坚信，通过实施创新驱动发展战略，努力构建创新型国家，中华民族伟大复兴的中国梦指日可待。

杨婷

2017 年 10 月于西安